ANGLAIS
en
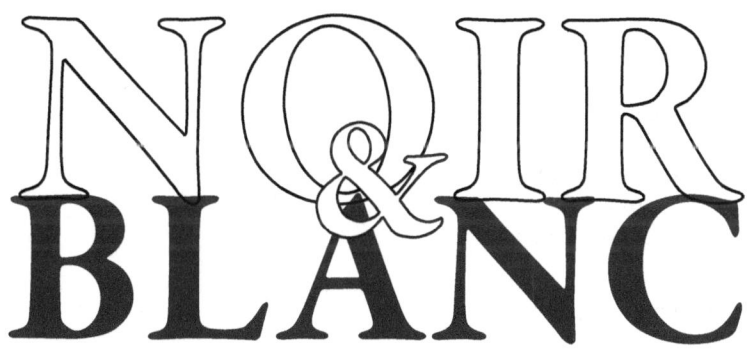

UN IMAGIER BILANGUE
AVEC LES
ILLUSTRATIONS BICOLORES
POUR
MAÎTRISER LES CLÉS DE L'ANGLAIS

PAUL R. BEEMAN

Copyright

© 2024 Paul R. Beeman. Tous droits réservés.

Aucune partie de ce livre ne peut être reproduite, stockée dans un système de récupération, ou transmise sous quelque forme que ce soit, électronique, mécanique, photocopie, enregistrement ou autre, sans l'autorisation écrite préalable de l'éditeur, sauf dans le cas de courtes citations utilisées dans des critiques ou des articles.

Écrit et illustré par Paul R. Beeman.

Publié par Lancer Learning Communities, LLC.

ISBN   978-1-958941-21-8
          978-1-958941-22-5
          978-1-958941-23-2

1ère Impression : Août 2024

© 2024 Paul R. Beeman. All rights reserved.

No part of this book may be reproduced, stored in a retrieval system, or transmitted in any form or by any means, electronic, mechanical, photocopying, recording, or otherwise, without the prior written permission of the publisher, except for brief quotations used in reviews or articles.

Written and illustrated by Paul R. Beeman.

Published by Lancer Learning Communities, LLC.

ISBN   978-1-958941-21-8
          978-1-958941-22-5
          978-1-958941-23-2

1st Printing: August 2024

Lancer Learning Communities, LLC
learn@lancercommunities.com
www.lancercommunities.com

Table of Contents
Table des matières

Nouns - Noms

Pronouns	Pronoms	**2**
People	Personnes	**4**
Members Of The Family	Membres De La Famille	**6**
Parts Of The Body	Parties Du Corps	**11**
Animals	Animaux	**18**
Animal Parts	Parties Des Animaux	**24**
Shapes	Formes	**27**
Vehicles	Véhicules	**30**
Clothing	Vêtements	**33**
Around Town	En Ville	**42**
At Home	À La Maison	**53**
Food	Nourriture	**58**
Cleaning Tools	Outils De Nettoyage	**72**
Drinks	Boissons	**73**

Food Utensils	Équipements De Cuisine	**76**
Tools	Outils	**82**
Things	Objets	**85**
Natural Elements	Éléments Naturels	**92**
Hygeine	Hygiène	**97**
The World	Le Monde	**101**
The Seasons	Les Saisons	**103**
Direction	Direction	**104**
Calendar	Calendrier	**105**
Money	Argent	**111**
Structure	Structure	**115**
Time	Temps	**118**

Verbs - Verbes

Movement	Mouvement	**127**
Communication	Communication	**132**
Food Actions	Actions Alimentaires	**137**
Health	Santé	**140**
Interaction	Interaction	**143**
Liquid Movements	Mouvements Liquides	**146**

Physical Interaction	Interaction Physique	**148**
Transformation	Transformation	**154**

Descriptions - Descriptions

Ownership	Possession	**159**
Colors	Couleurs	**161**
Numbers 1-20	Nombres 1-20	**164**
Numbers (20+)	Nombres (20+)	**169**
Quantity	Quantité	**178**
Size	Taille	**183**
Lines	Lignes	**186**
Placement	Placement	**188**
Feelings	Sentiments	**194**
Character Descriptions	Descriptions De Caractère	**200**
Nationalities	Nationalités	**202**

Phrases - Phrases

Greetings	Salutations	**215**
Common Phrases	Phrases Courantes	**219**

Index **228**

Nouns
Noms

PRONOUNS
LES PRONOMS

he she

il elle

I

je

they

ils

we

nous

PRONOUNS - NOUN - LES PRONOMS

PEOPLE
LES PERSONNES

baby

un bébé

boy

un garçon

girl

une fille

man

un homme

woman

une femme

children

des enfants

doctor

un médecin

fireman

un pompier

PEOPLE - NOUN - LES PERSONNES

MEMBERS OF THE FAMILY
LES MEMBRES DE LA FAMILLE

father

un père

mother

une mère

son

un fils

daughter

une fille

wife

une épouse

husband

un époux

parents

des parents

couple

un couple

MEMBERS OF THE FAMILY - NOUN - LES MEMBRES DE LA FAMILLE

siblings

des frères et sœurs

big brother

un grand frère

big sister

une grande sœur

little brother

un petit frère

MEMBERS OF THE FAMILY - NOUN - LES MEMBRES DE LA FAMILLE

little sister

une petite sœur

grandfather

un grand-père

grandmother

une grand-mère

granddaughter

une petite-fille

MEMBERS OF THE FAMILY - NOUN - LES MEMBRES DE LA FAMILLE

granddaughter

une petite-fille

grandfather

un grand-père

grandmother

une grand-mère

grandson

une petit-fils

MEMBERS OF THE FAMILY - NOUN - LES MEMBRES DE LA FAMILLE

PARTS OF THE BODY
LES PARTIES DU CORPS

arm
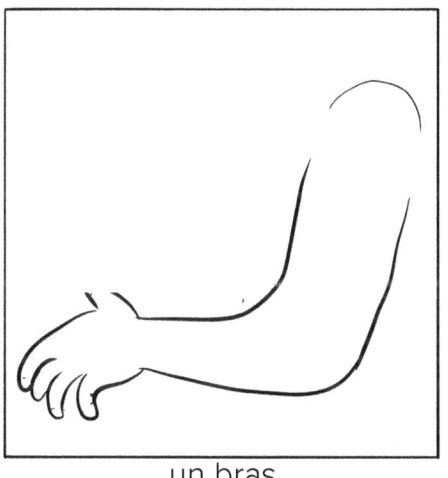
un bras

back
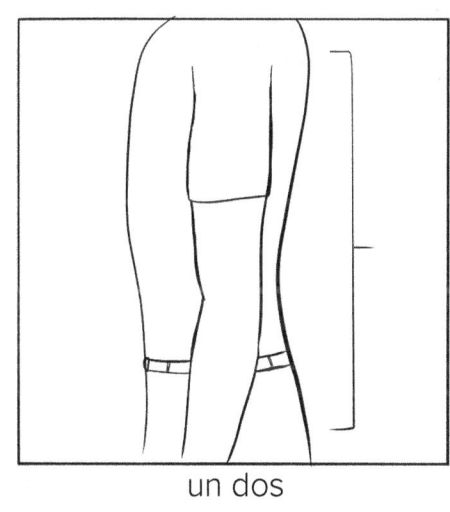
un dos

behind
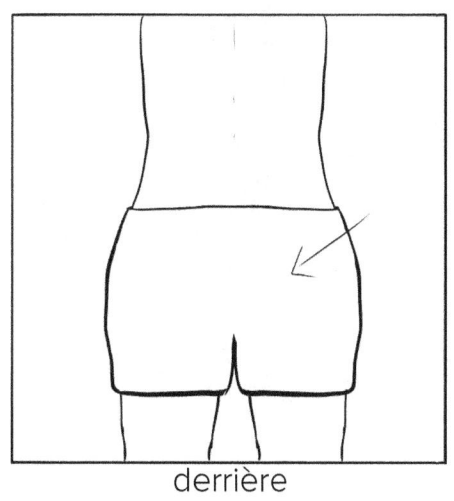
derrière

belly
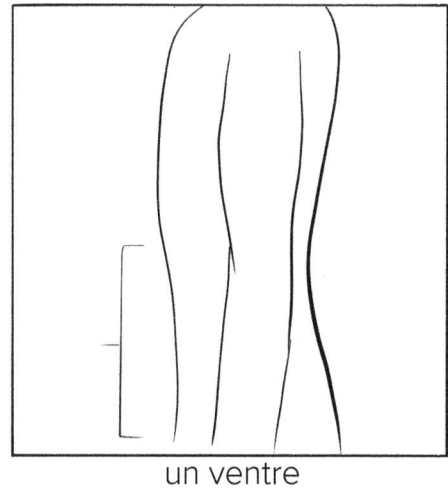
un ventre

cheek

une joue

chest
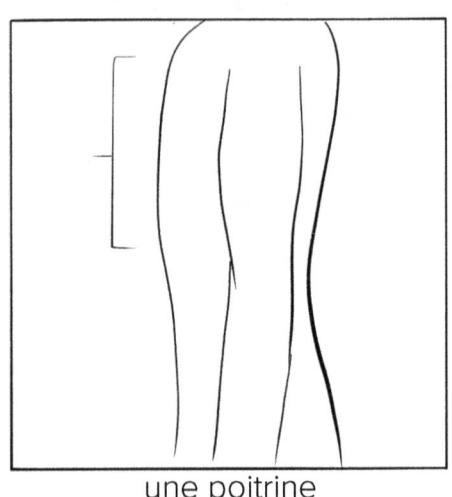
une poitrine

chin
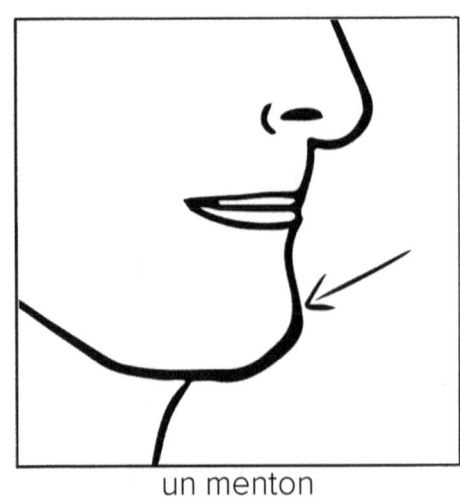
un menton

ear
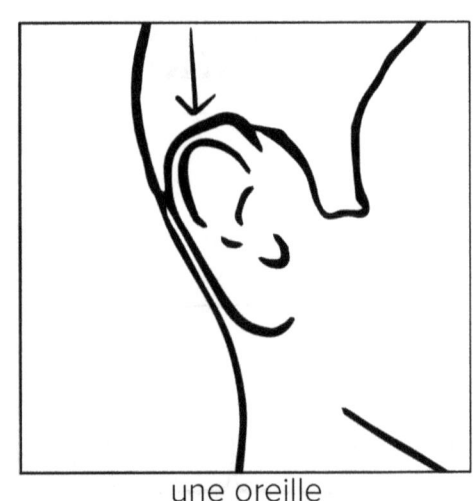
une oreille

PARTS OF THE BODY - NOUN - LES PARTIES DU CORPS

elbow

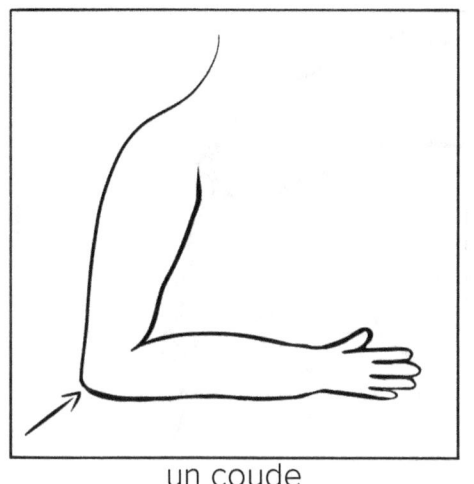

un coude

eye

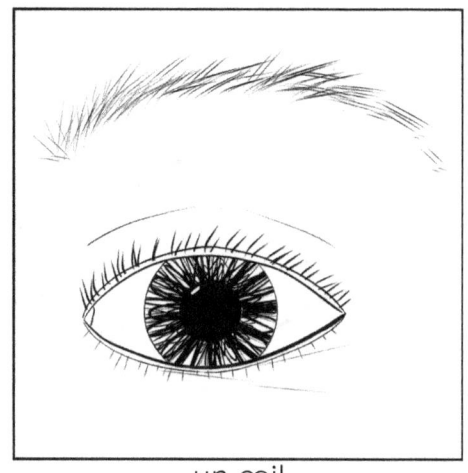

un œil

eyebrow

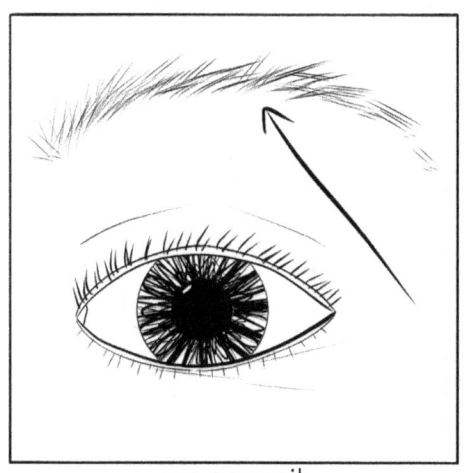

un sourcil

finger

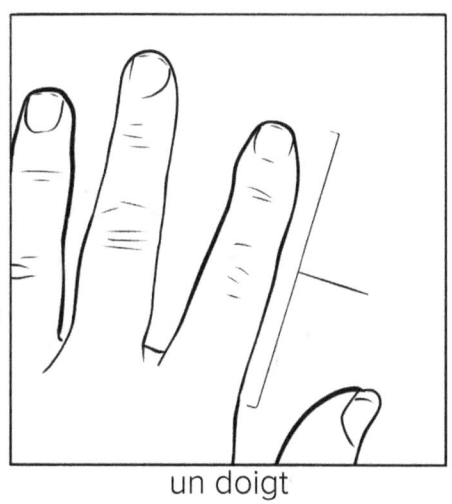

un doigt

PARTS OF THE BODY - NOUN - LES PARTIES DU CORPS

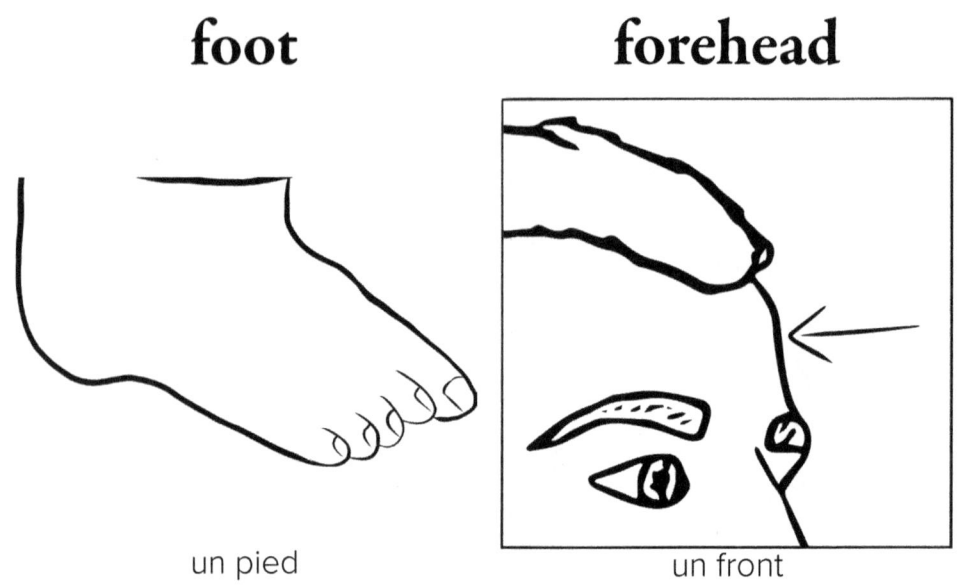
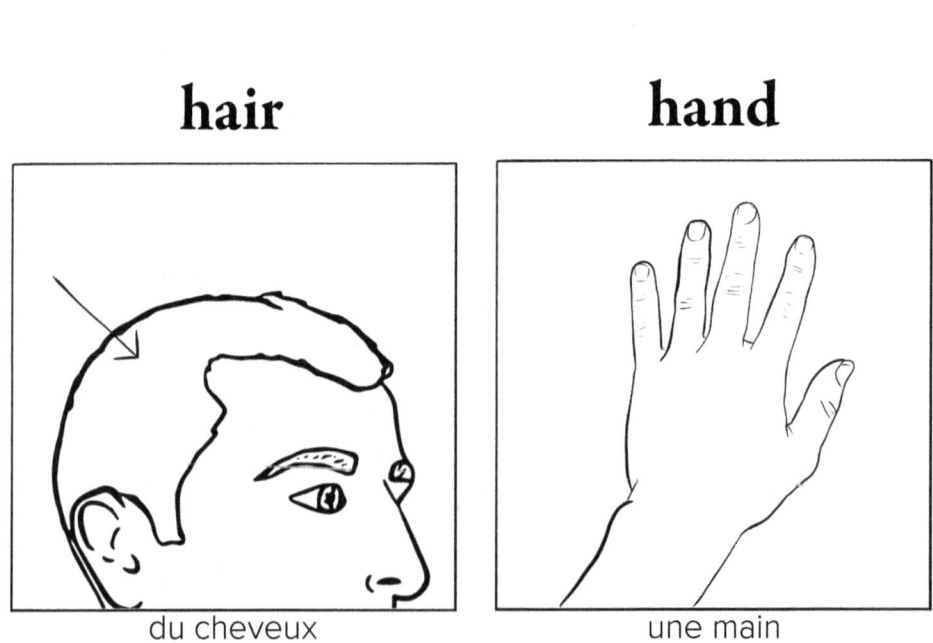

PARTS OF THE BODY - NOUN - LES PARTIES DU CORPS

head

une tête

hips

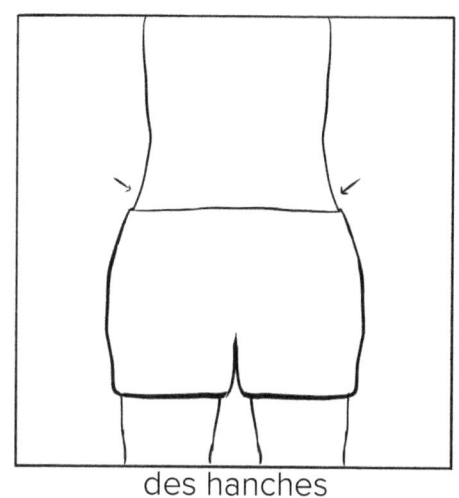

des hanches

jaw

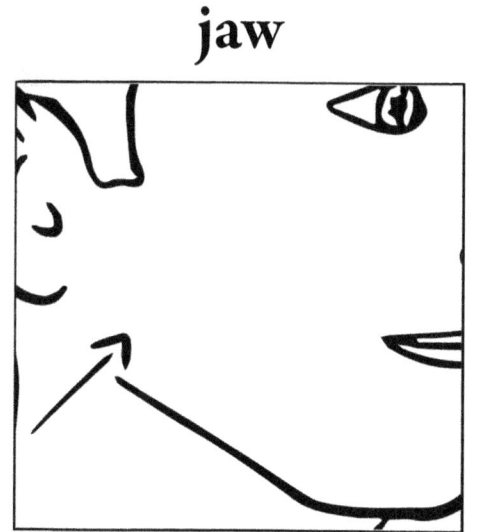

une mâchoire

knee

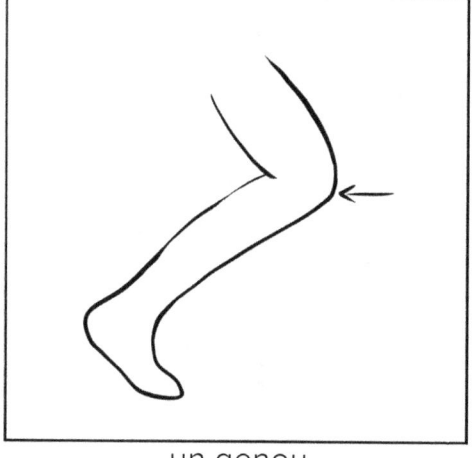

un genou

PARTS OF THE BODY - NOUN - LES PARTIES DU CORPS

leg

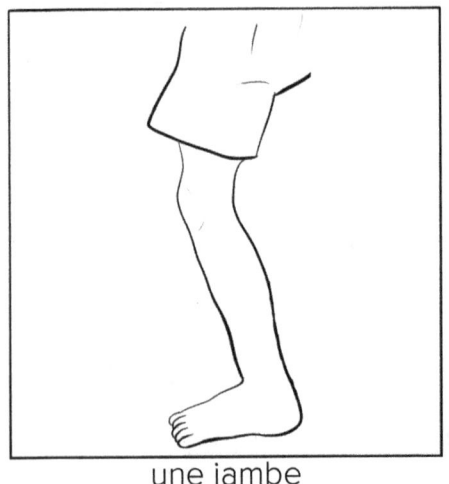

une jambe

mouth

une bouche

nose

un nez

shoulder

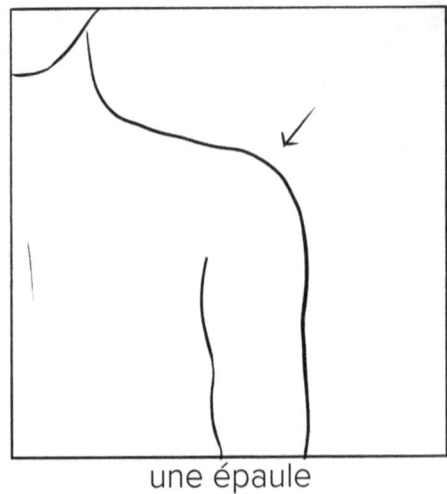

une épaule

PARTS OF THE BODY - NOUN - LES PARTIES DU CORPS

throat

une gorge

toes
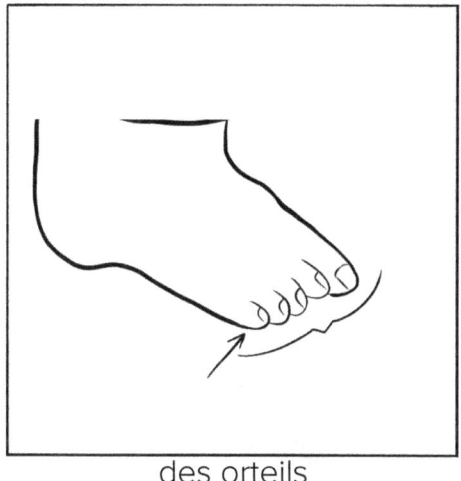
des orteils

beard
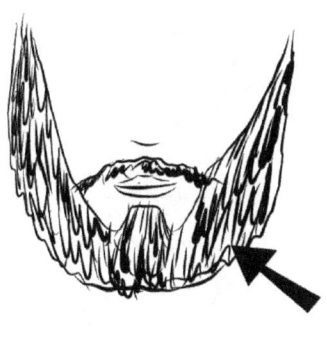
une barbe

mustache
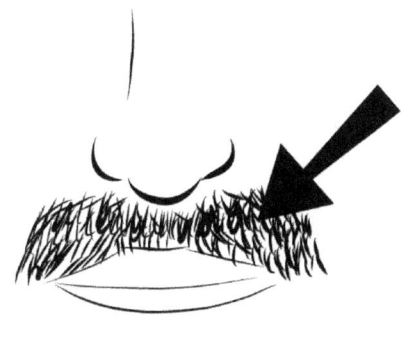
une moustache

ANIMALS
LES ANIMAUX

bird

cat

un oiseau

un chat

cow

dog

une vache

un chien

fish

un poisson

fly

une mouche

frog

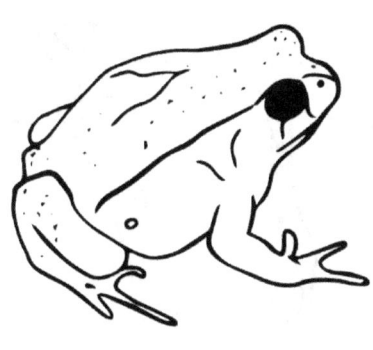

une grenouille

horse

un cheval

ANIMALS - NOUN - LES ANIMAUX

mouse

une souris

spider

une araignée

bee

une abeille

camel

un chameau

chicken

un poulet

duck

un canard

elephant

un éléphant

goat

une chèvre

goose

une oie

lion

un lion

lizard

un lézard

pig

un cochon

rabbit

un lapin

sheep

un mouton

snake

un serpent

tiger

un tigre

ANIMAL PARTS
LES PARTIES ANIMALES

beak

un bec

claw

une griffe

feather

une plume

fur

du poils

hooves

des sabots

horn
une corne

muzzle

un museau

shell

une coquille

ANIMAL PARTS - NOUN - LES PARTIES ANIMALES

tail

une queue

trunk

une trompe

wing

une aile

wing

une aile

ANIMAL PARTS - NOUN - LES PARTIES ANIMALES

SHAPES
LES FORMES

circle

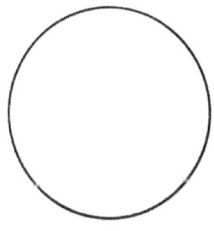

un cercle

rectangle

un rectangle

sphere

une sphère

square

un carré

triangle

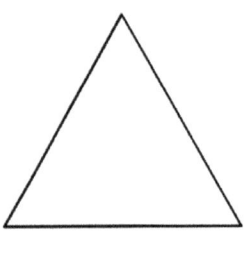

un triangle

cone

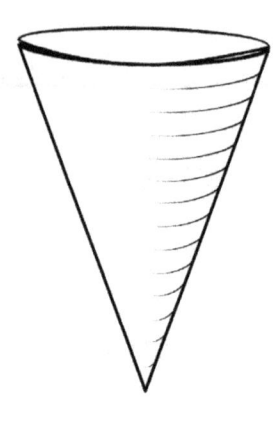

Un cône

cube

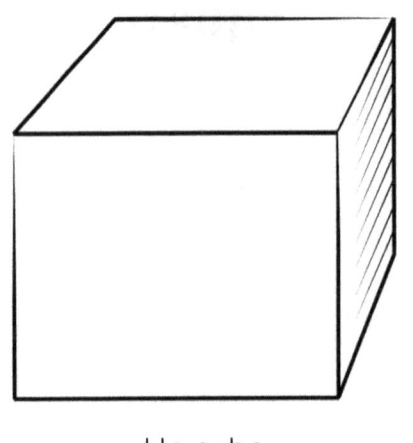

Un cube

cylinder

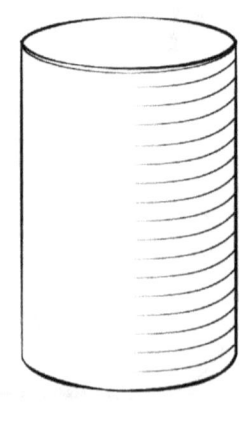

Un cylindre

SHAPES - NOUN - LES FORMES

line

———

Une ligne

pentagon

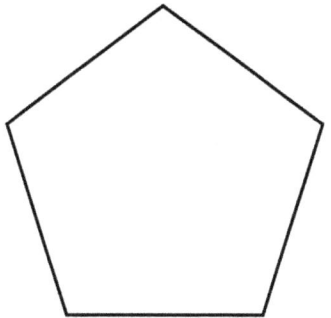

Un pentagone

pyramid

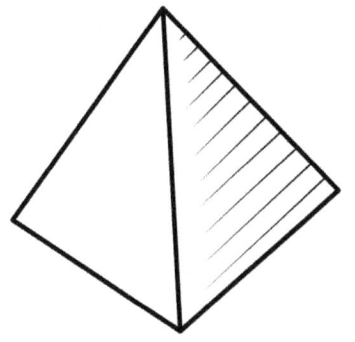

Une pyramide

star

Une étoile

SHAPES - NOUN - LES FORMES

VEHICLES
LES VÉHICULES

boat

ship

un bateau

un navire

ambulance

bus

une ambulance

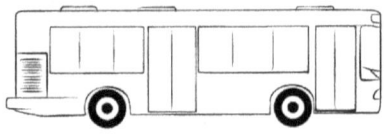

un bus

car

une voiture

delivery truck

un camion de livraison

motorcycle

une moto

pickup truck

un camionnette

scooter

une trottinette

train

un train

bicycle

un vélo

helicopter

un hélicoptère

VEHICLES - NOUN - LES VÉHICULES

CLOTHING
LES VÊTEMENTS

baseball hat

belt

une casquette de baseball

une ceinture

blouse

boot

une blouse

une botte

cap

une casquette

coat

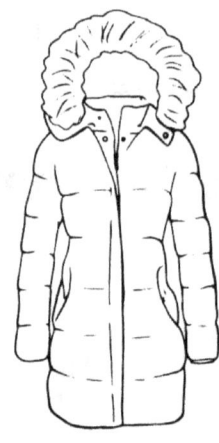

un manteau

dress

une robe

dress shirt

une chemise habillée

CLOTHING - NOUN - LES VÊTEMENTS

dress shoe

une chaussure

gloves

des gants

high heels

des talons

hoodie

un sweat à capuche

jacket

une veste

jeans

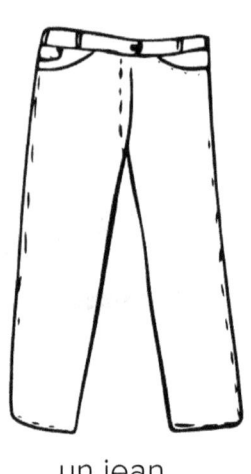

un jean

mini skirt

une mini-jupe

pants

un pantalon

CLOTHING - NOUN - LES VÊTEMENTS

robe

une robe de chambre

sandal

une sandale

sandals

des sandales

scarf

une écharpe

CLOTHING - NOUN - LES VÊTEMENTS

shirt

une chemise

shorts

des shorts

skirt

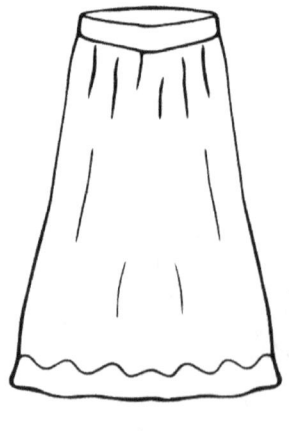

une jupe

sneaker

des baskets

CLOTHING - NOUN - LES VÊTEMENTS

socks

des chaussettes

sports coat

un blazer

sweater

un pull

t-shirt
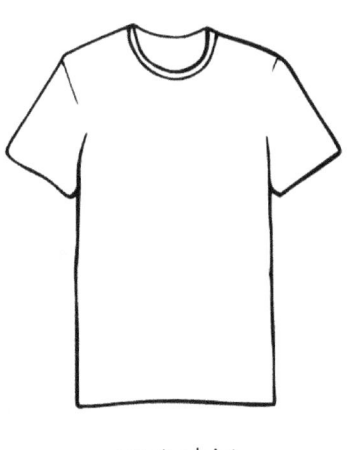
un t-shirt

CLOTHING - NOUN - LES VÊTEMENTS

tank top

un pull sans manches

tie

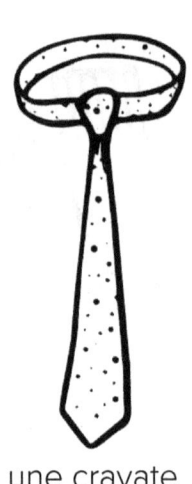

une cravate

tunic

une tunique

underwear

un slip

CLOTHING - NOUN - LES VÊTEMENTS

vest

un gilet

vest

un gilet

winter hat

un chapeau d'hiver

clothes

vêtements

AROUND TOWN
AUTOUR DE LA VILLE

house
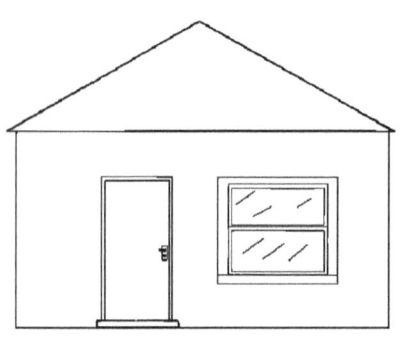
une maison

barn

une grange

field

un champ

sidewalk

un trottoir

airport

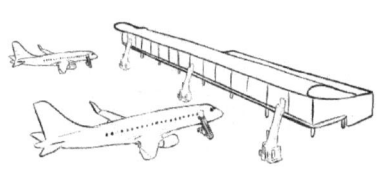

un aéroport

apartment building

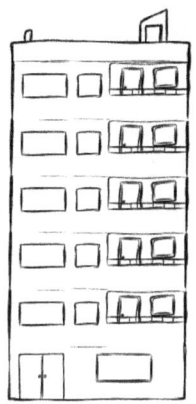

un immeuble d'appartements

bakery

une boulangerie

bank

une banque

AROUND TOWN - NOUN - AUTOUR DE LA VILLE

bar

un bar

barbershop

un salon de coiffure

bus station

une gare routière

butcher

un boucherie

church

une église

clothing store

un magasin de vêtements

coffee shop

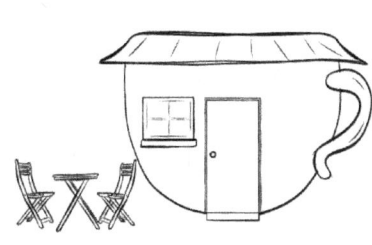

un café

dentist

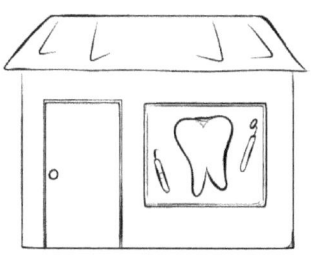

un dentiste

department store

un grand magasin

doctor's office

le cabinet du médecin

florist

un fleuriste

fork in the road

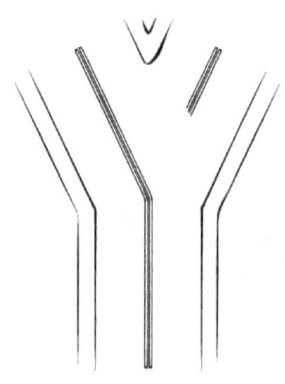

une bifurcation

fruit stand

un vendeur de fruits

furniture store

un magasin de meubles

gas station

une station-service

hair salon

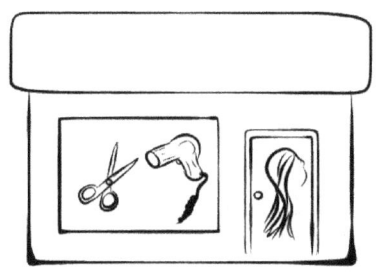

un salon de coiffure

hardware store

un quincaillerie

hospital

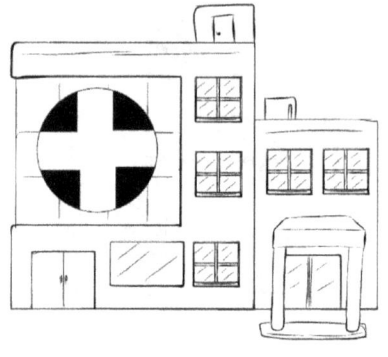

un hôpital

intersection

une intersection

library

une bibliothèque

AROUND TOWN - NOUN - AUTOUR DE LA VILLE

market

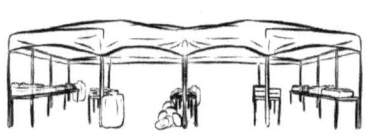

un marché

mosque

une mosquée

newspaper stand

un kiosque à journaux

park

un parc

AROUND TOWN - NOUN - AUTOUR DE LA VILLE

pharmacy

une pharmacie

post office

un bureau de poste

restaurant

un restaurant

round point

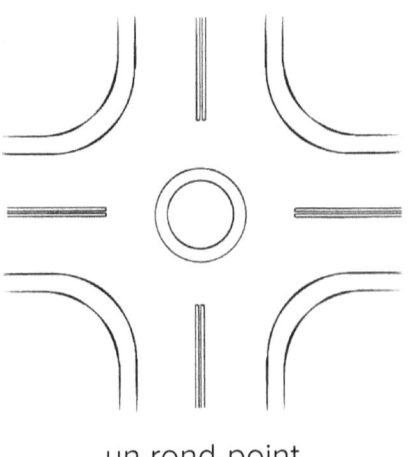

un rond-point

school

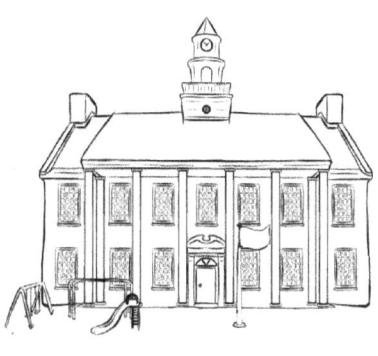

une école

temple

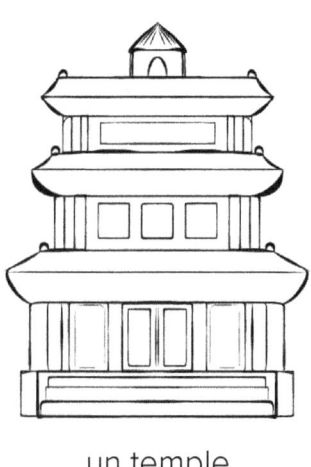

un temple

tower

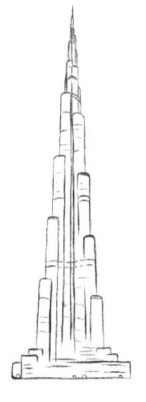

une tour

toy store

un magasin de jouets

AROUND TOWN - NOUN - AUTOUR DE LA VILLE

train station

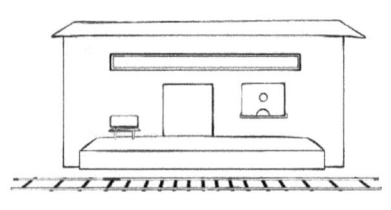

une gare

office

le bureau

AT HOME
À LA MAISON

bed
chair

un lit

un fauteuil

chair
couch

une chaise

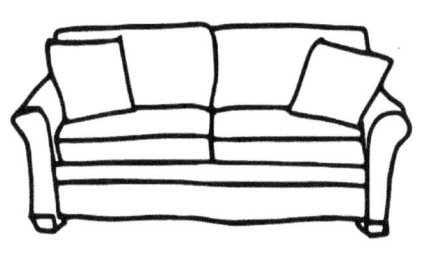

un canapé

dresser

une commode

table

une table

heater

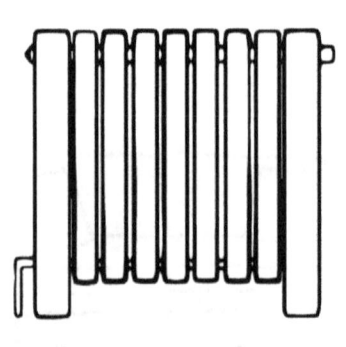

un radiateur

stove

une cuisinière

window

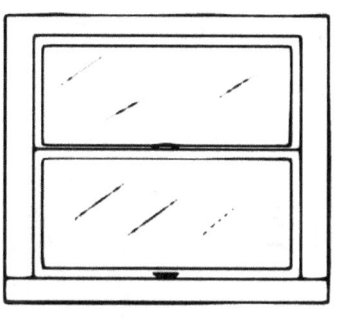

une fenêtre

mirror

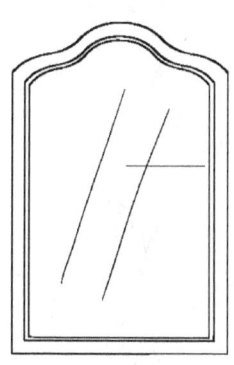

un miroir

sink

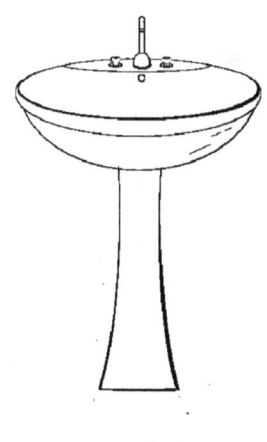

un évier

toilet

des toilettes

AT HOME - NOUN - À LA MAISON

garden

un jardin

furniture

meubles

bathroom

la salle de bains

bedroom

la chambre à coucher

dining room

la salle à manger

hallway

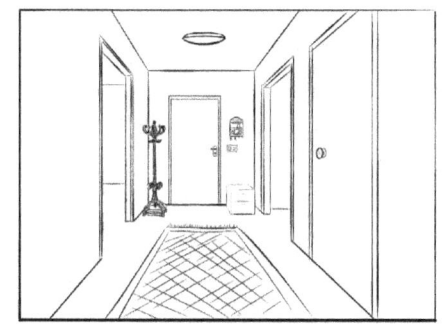

le couloir

kitchen

la cuisine

living room

le salon

AT HOME - NOUN - À LA MAISON

FOOD
LA NOURRITURE

almond

une amande

apple

une pomme

banana

une banane

basil

du basilic

beet

une betterave

bread

du pain

broccoli

des brocolis

cabbage

un chou

FOOD - NOUN - LA NOURRITURE

cake

un gâteau

candy

un bonbon

carrot

une carotte

cauliflower

un chou-fleur

cherry

une cerise

cilantro

de la coriandre

cookies

des biscuits

corn

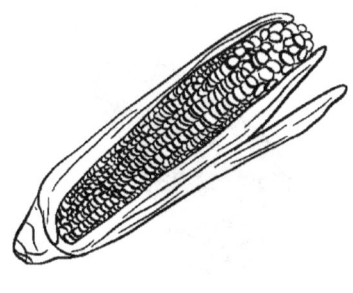

du maïs

FOOD - NOUN - LA NOURRITURE

cucumber

un concombre

egg

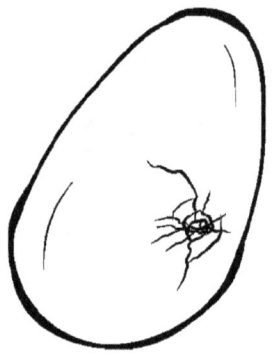

un œuf

eggplant

une aubergine

flour

de la farine

FOOD - NOUN - LA NOURRITURE

garlic

de l'ail

grapes

des raisins

green onion

un oignon vert

lemon

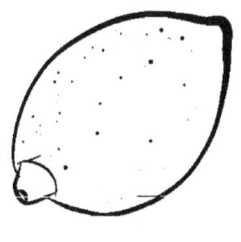

un citron

FOOD - NOUN - LA NOURRITURE

lettuce

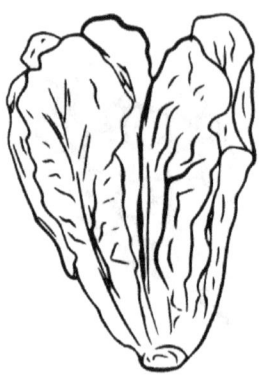

de la laitue

mango

une mangue

meat

de la viande

mint

de la menthe

mushrooms

des champignons

nut

une noix

onion

un oignon

orange

une orange

parsley

du persil

pea

un pois

peanut

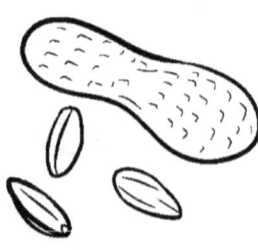

une cacahuète

pear

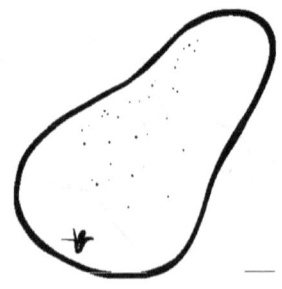

une poire

pepper

du poivre

pepper

un poivron

pineapple

un ananas

potato

une pomme de terre

FOOD - NOUN - LA NOURRITURE

pumpkin

une citrouille

radishes

des radis

raisins

des raisins secs

rice

du riz

salt

du sel

strawberry

une fraise

sugar

du sucre

tomato

une tomate

FOOD - NOUN - LA NOURRITURE

watermelon

zucchini

une pastèque

une courgette

baking soda

fruit

du bicarbonate de soude

des fruits

vegetables

des légumes

ice cream

de la glace

FOOD - NOUN - LA NOURRITURE

CLEANING TOOLS
LES OUTILS DE NETTOYAGE

brush

une brosse

trash

des ordures

dust pan

un balayette

mop

un balai

vacuum **washing machine**

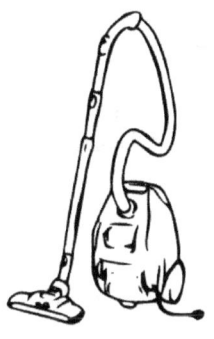 

un aspirateur   une machine à laver

CLEANING TOOLS - NOUN - LES OUTILS DE NETTOYAGE

DRINKS
LES BOISSONS

beer

de la bière

coffee

du café

juice

du jus

milk

du lait

soda

du soda

tea

du thé

water

de l'eau

wine

du vin

DRINKS - NOUN - LES BOISSONS

FOOD UTENSILS
LES ÉQUIPEMENTS DE CUISINE

fork

une fourchette

glass

un verre

knife

un couteau

large bowl
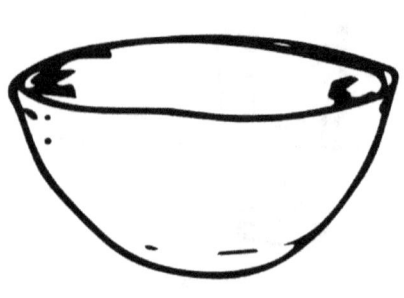
un grand bol

large plate

une grande assiette

mug

une tasse

small bowl

un petit bol

small plate

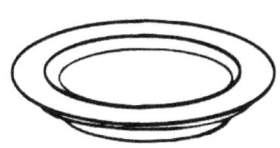

une petite assiette

FOOD UTENSILS - NOUN - LES ÉQUIPEMENTS DE CUISINE

spoon

une cuillère

teacup

une tasse de thé

teapot

une théière

wineglass

un verre à vin

FOOD UTENSILS - NOUN - LES ÉQUIPEMENTS DE CUISINE

cutting board

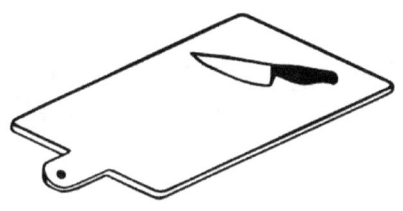

une planche à découper

dishes

de la vaisselle

kettle

une bouilloire

lid

un couvercle

FOOD UTENSILS - NOUN - LES ÉQUIPEMENTS DE CUISINE

dishes

vaisselle

pan

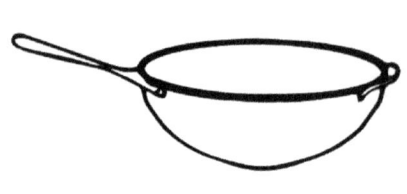

une poêle

pitcher

un pichet

pot

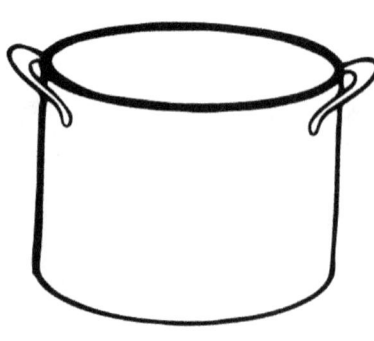

une casserole

FOOD UTENSILS - NOUN - LES ÉQUIPEMENTS DE CUISINE

skillet

bottle

une poêle

une bouteille

napkin

une serviette de table

FOOD UTENSILS - NOUN - LES ÉQUIPEMENTS DE CUISINE

TOOLS
LES OUTILS

axe

une hache

bolt

un boulon

hammer

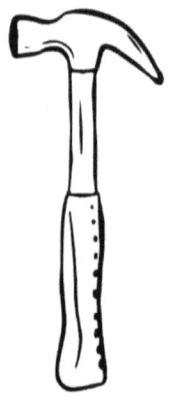

un marteau

nail

un clou

nut

un écrou

plier wrench

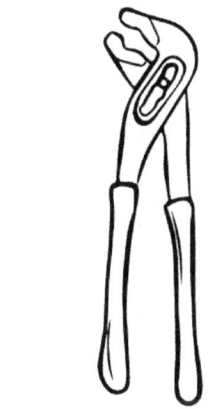

des pinces multiprises

pliers

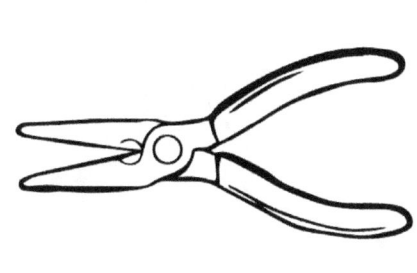

des pinces

saw

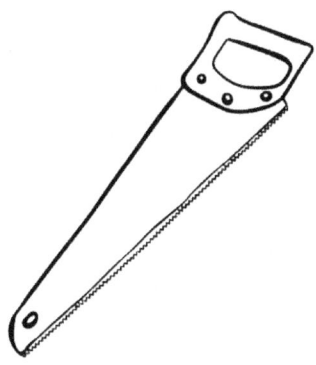

une scie

screw

une vis

screwdriver

un tournevis

wire

du fil

wrench

une clé

THINGS
LES CHOSES

book

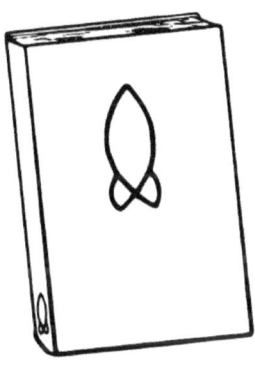

un livre

paper

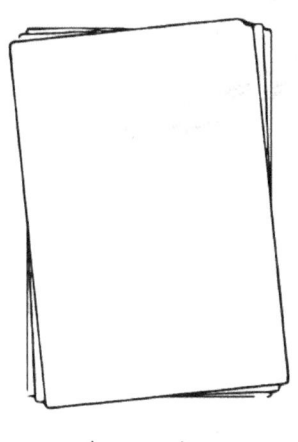

du papier

pen

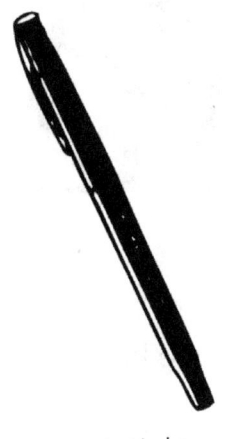

un stylo

pencil

un crayon

phone

un téléphone

pillow

un oreiller

board

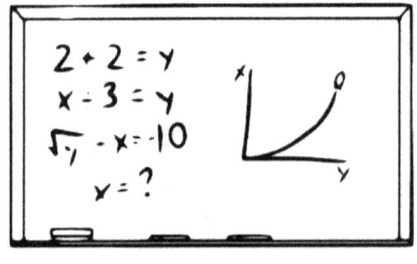

un tableau

clock

une horloge

coat hanger

un cintre

light

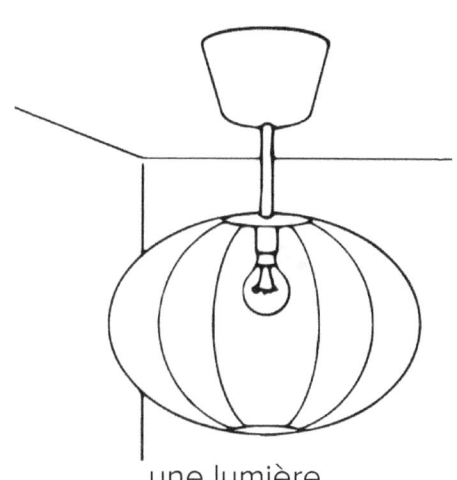

une lumière

picture

une image

match

une allumette

THINGS - NOUN - LES CHOSES

glasses

des lunettes

glue

de la colle

scissors

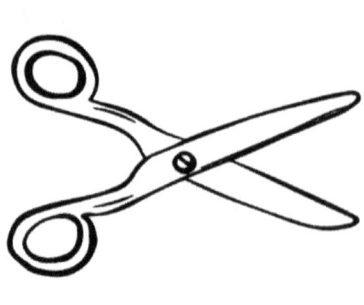

des ciseaux

string

de la ficelle

tape
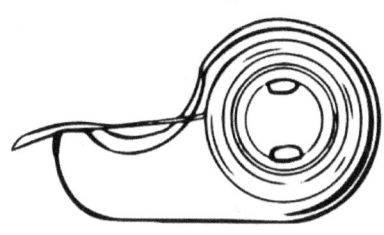
du scotch

basket

un panier

blanket

une couverture

rattle

un hochet

THINGS - NOUN - LES CHOSES

table cloth

une nappe

toys

jouets

bag

sac

purse

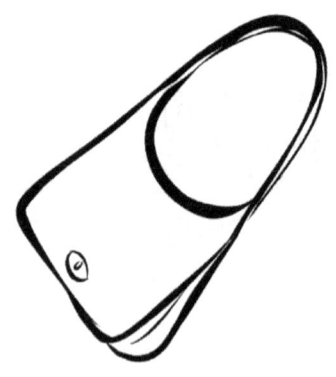

un sac à main

suitcase   ## umbrella

une valise   parapluie

NATURAL ELEMENTS
LES ÉLÉMENTS NATURELS

flower

une fleur

tree

un arbre

rainbow

un arc-en-ciel

the world

le monde

beach

une plage

bush

un buisson

cloud

un nuage

desert

un désert

forest

une forêt

mountain

une montagne

orchard
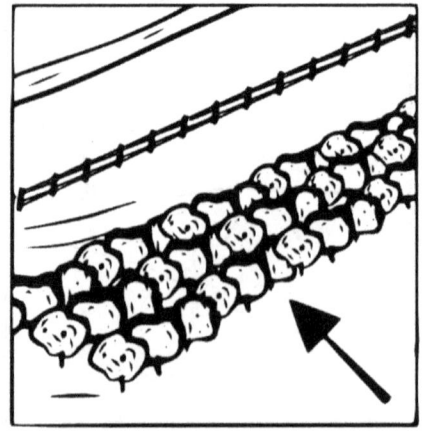
un verger

sea

la mer

NATURAL ELEMENTS - NOUN - LES ÉLÉMENTS NATURELS

sky

le ciel

smoke

la fumée

sun

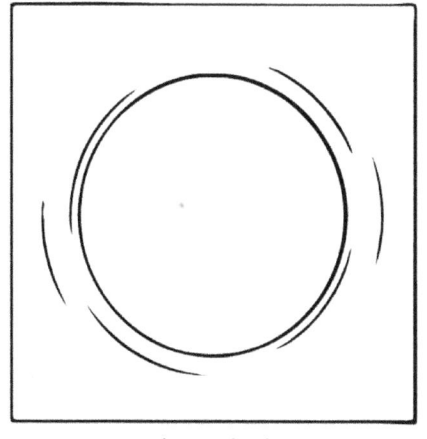

le soleil

valley

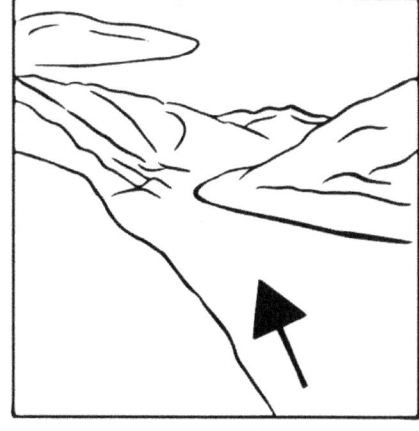

une vallée

NATURAL ELEMENTS - NOUN - LES ÉLÉMENTS NATURELS

wave

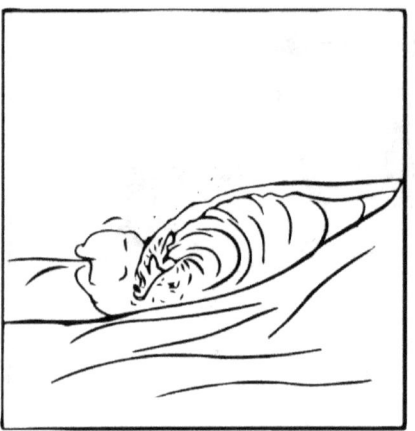

une vague

HYGEINE
L'HYGIÈNE

comb

un peigne

handkerchief

un mouchoir

band aid

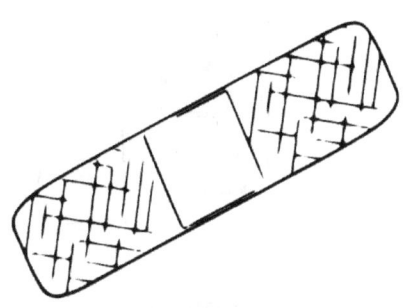

un pansement

fingernail polish

du vernis à ongles

hair brush

une brosse à cheveux

medicine

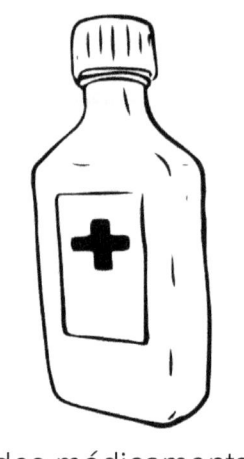

des médicaments

nail clippers

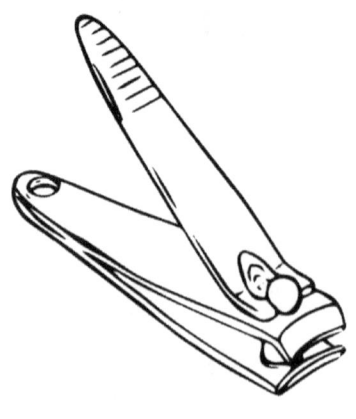

des coupe-ongles

perfume

du parfum

pills

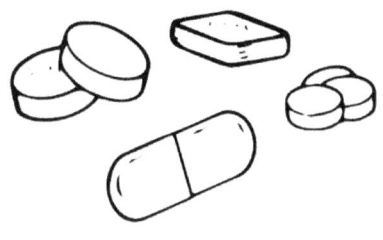

des pilules

razor

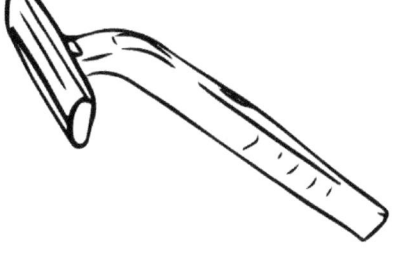

un rasoir

soap

du savon

tooth brush

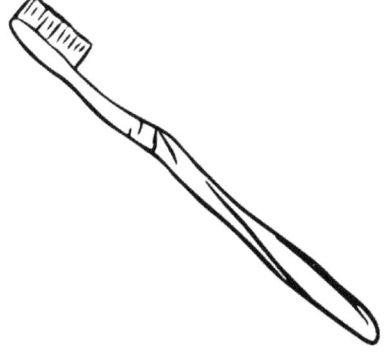

une brosse à dents

toothpaste **towel**

du dentifrice   une serviette

THE WORLD
LE MONDE

a map

une carte

Africa

Afrique

Asia

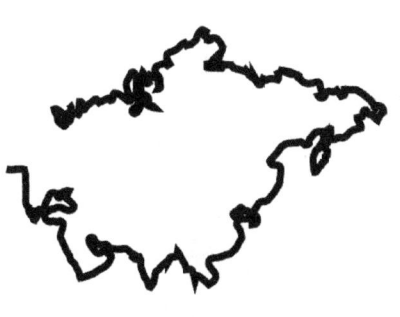

Asie

Australia

Australie

Europe

globe

Europe

un globe

North America

South America

Amérique du Nord

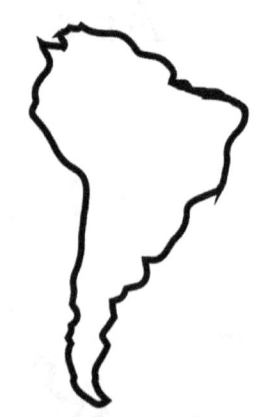
Amérique du Sud

THE SEASONS
LES SAISONS

fall

l'automne

spring

le printemps

summer

l'été

winter

l'hiver

DIRECTION
LA DIRECTION

East
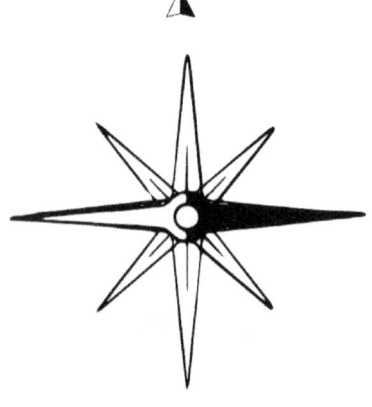
Est

North
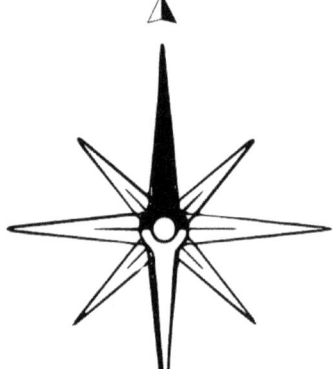
Nord

South

Sud

West
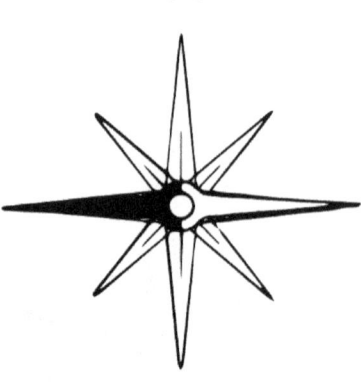
Ouest

CALENDAR
LE CALENDRIER

a day

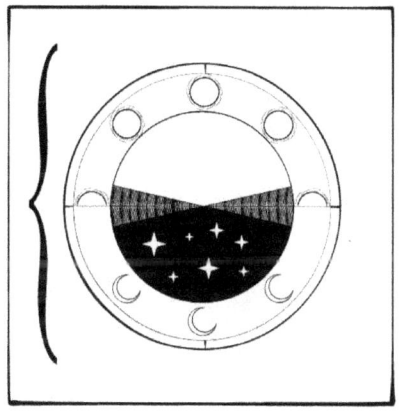

un jour

a week

une semaine

a month

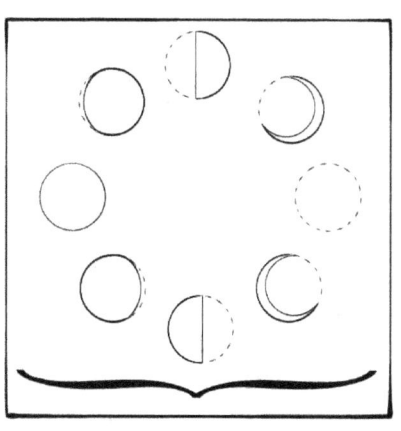

un mois

a year

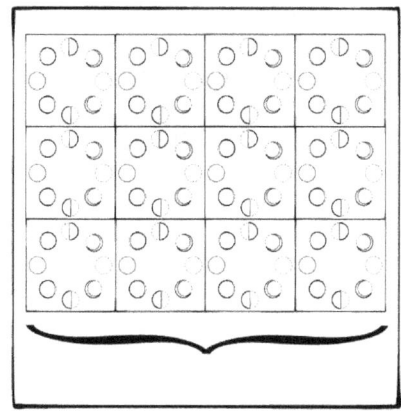

une année

Sunday

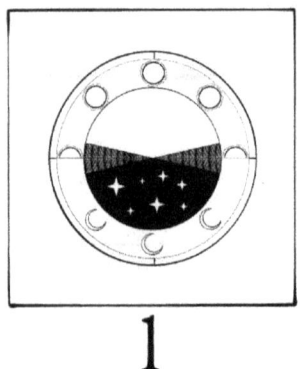

1

le dimanche

Monday

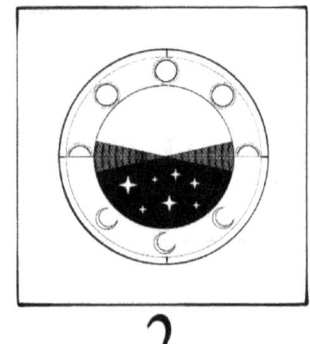

2

le lundi

Tuesday

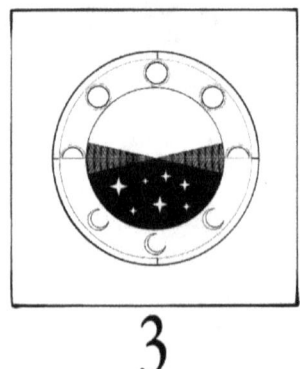

3

le mardi

Wednesday

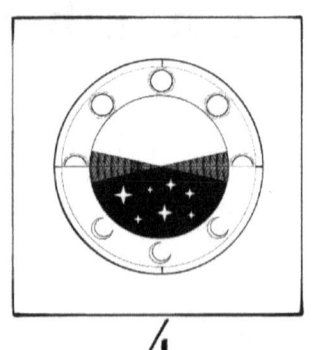

4

le mercredi

CALENDAR - NOUN - LE CALENDRIER

Thursday

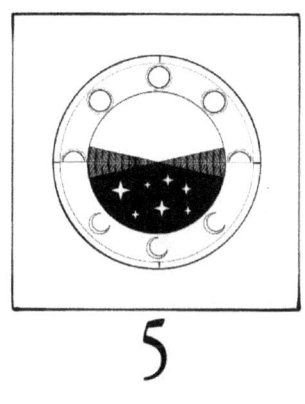

5

le jeudi

Friday

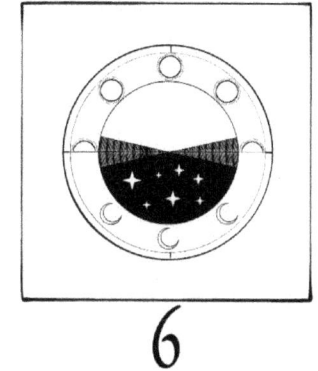

6

le vendredi

Saturday

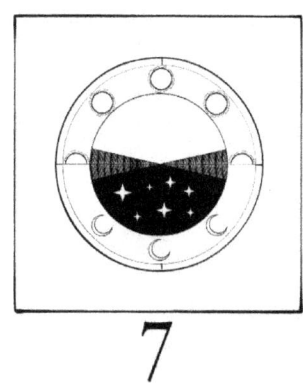

7

le samedi

January

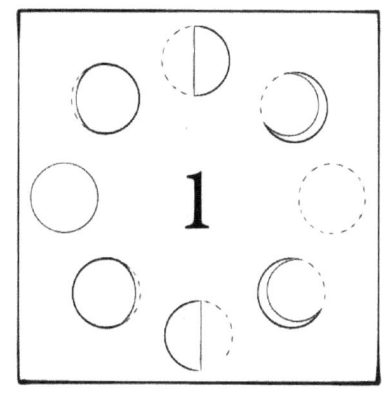

janvier

CALENDAR - NOUN - LE CALENDRIER

February

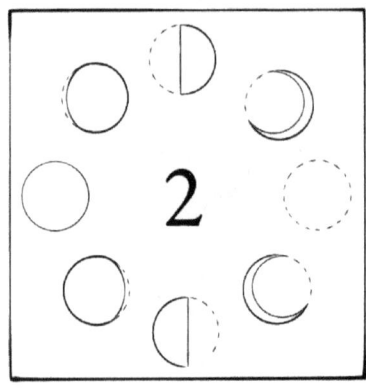

février

March

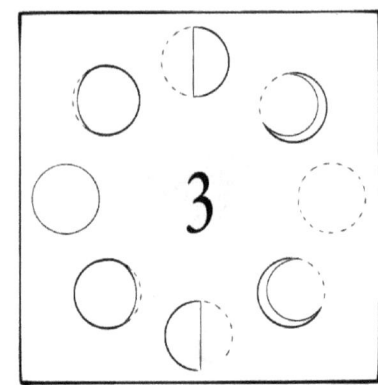

mars

April

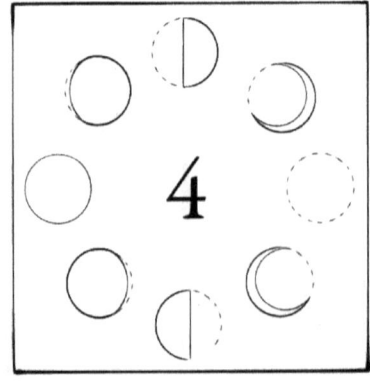

avril

May

mai

CALENDAR - NOUN - LE CALENDRIER

June

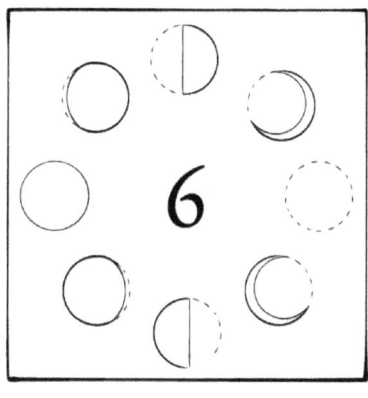

juin

July

juillet

August

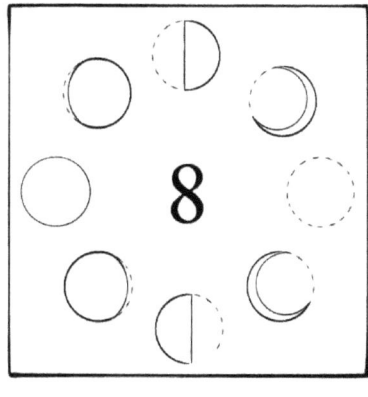

août

September

septembre

CALENDAR - NOUN - LE CALENDRIER

October

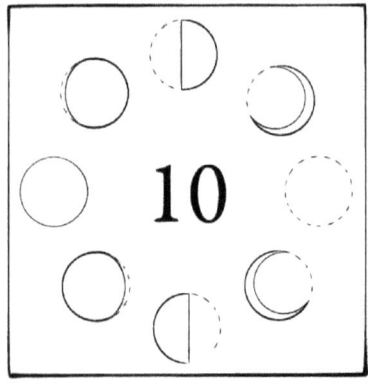

octobre

November

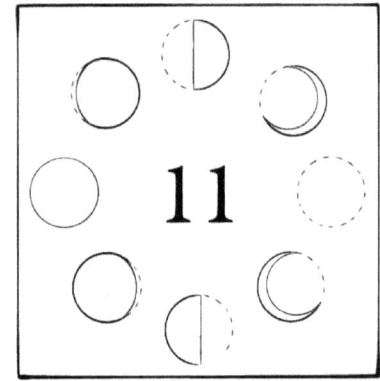

novembre

December

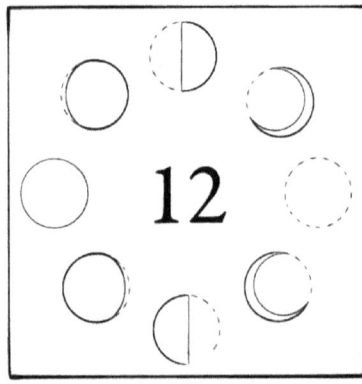

décembre

CALENDAR - NOUN - LE CALENDRIER

MONEY
L'ARGENT

one cent

un centime

five cents

cinq centimes

a hundred thousandths

cent millième

a thousand thousandths

un millième

ten cents

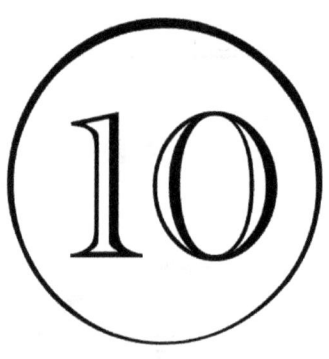

dix centimes

fifty cents

cinquante centimes

five hundred thousandths

cinq cent millièmes

a dollar

un dollar

MONEY - NOUN - L'ARGENT

five dollars

cinq dollars

ten dollars

dix dollars

fifty dollars

cinquante dollars

a hundred dollars

cent dollars

five hundred dollars

a thousand dollars

cinq cents dollars

mille dollars

five thousand dollars

cinq mille dollars

STRUCTURE
LA STRUCTURE

ceiling

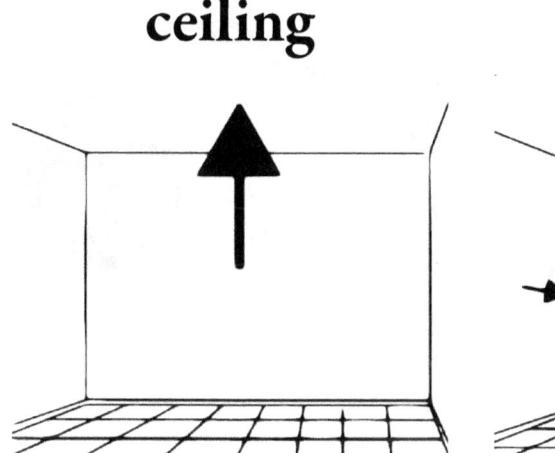

un plafond

corner

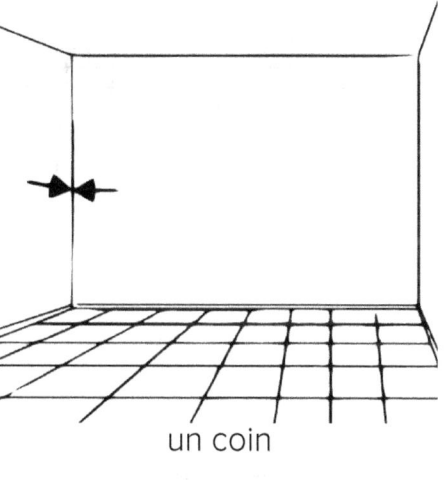

un coin

door

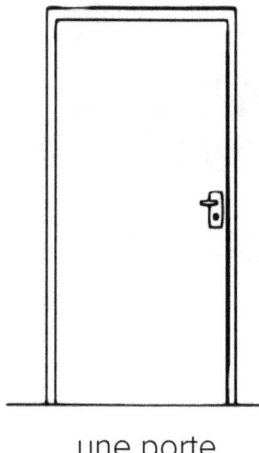

une porte

floor

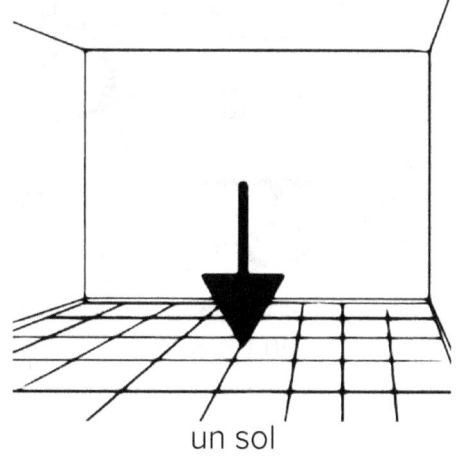

un sol

wall

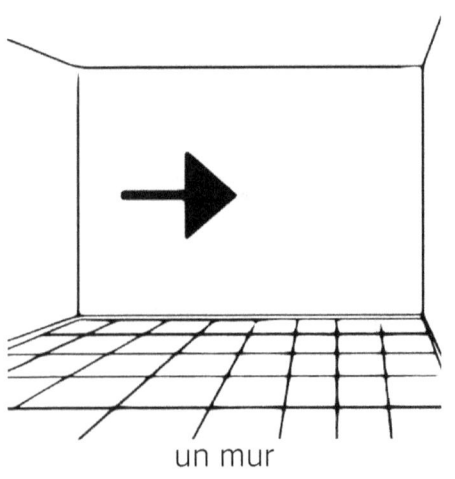

un mur

fence

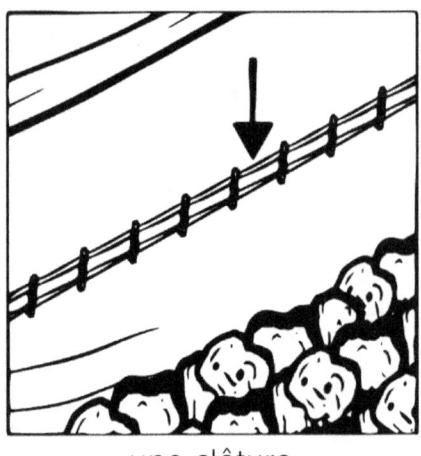

une clôture

garage

un garage

roof

un toit

wall

un mur

statue

une statue

staircase

l'escalier

TIME
LE TEMPS

day

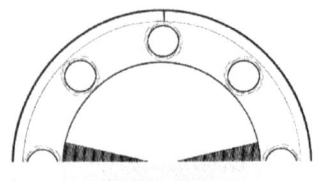

le jour

night

la nuit

dawn

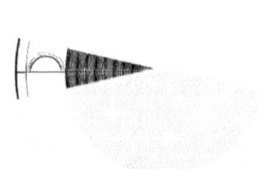

l'aube

morning

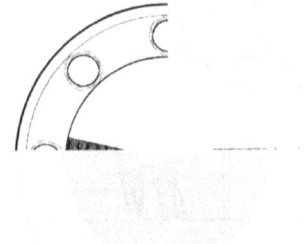

le matin

noon

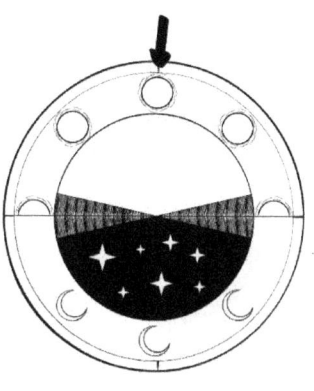

midi

afternoon

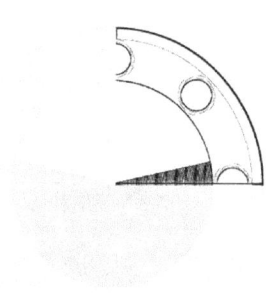

l'après-midi

evening

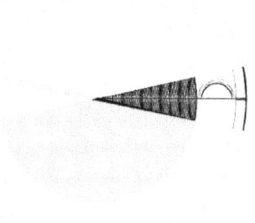

le soir

midnight

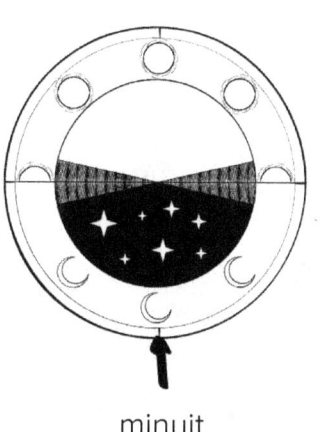

minuit

sunrise

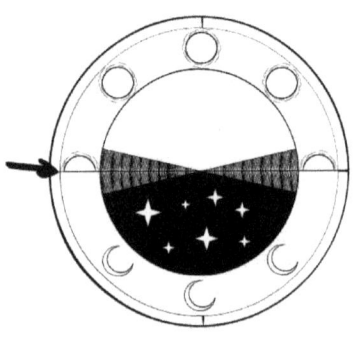

le lever de soleil

sunset

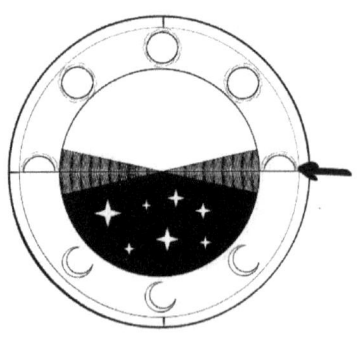

le coucher de soleil

One O'clock

une heure

Two O'clock

deux heures

Three O'clock

trois heures

Four O'clock

quatre heures

Five O'clock

cinq heures

Six O'clock

six heures

TIME - NOUN - LE TEMPS

Seven O'clock

sept heures

Eight O'clock

huit heures

Nine O'clock

neuf heures

One forty-five

une heure quarante-cinq

TIME - NOUN - LE TEMPS

Ten O'clock

dix heures

Eleven O'clock

onze heures

Twelve O'clock

midi

One O'five

une heure cinq

One ten

une heure dix

One fifteen

une heure quinze

One twenty

une heure vingt

One thirty

une heure trente

today

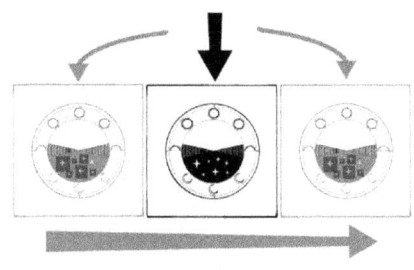

aujourd'hui

yesterday

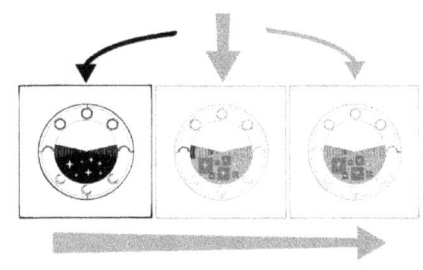

hier

tomorrow

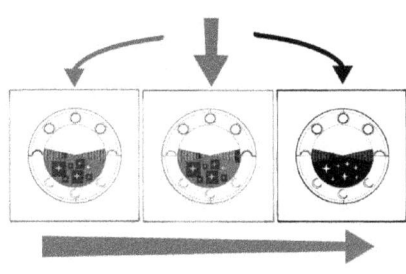

demain

TIME - NOUN - LE TEMPS

MOVEMENT
LE MOUVEMENT

to come

to go

venir

aller

to jump

to lie down

sauter

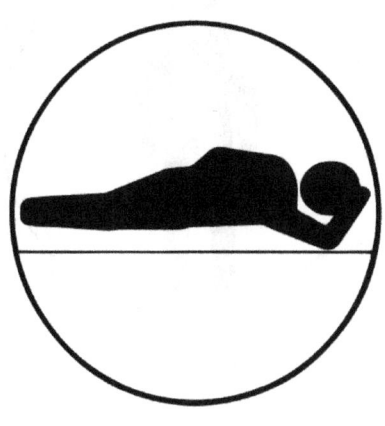

se coucher

to run

courir

to sit

s'asseoir

to stand

se lever

to walk

marcher

MOVEMENT - VERB - LE MOUVEMENT

to turn around

faire demi-tour

to lean

se pencher

to climb

grimper

to crawl

ramper

MOVEMENT - VERB - LE MOUVEMENT

to drive

conduire

to fly

voler

to jump over

sauter par-dessus

to ride

monter

to ride a bike

faire du vélo

to ride a horse

monter à cheval

to swim

nager

to walk up

monter

MOVEMENT - VERB - LE MOUVEMENT

COMMUNICATION
LA COMMUNICATION

to give

donner

to point

pointer

to show

montrer

to cry

pleurer

to give

donner

to write

écrire

to think

penser

to buy

acheter

COMMUNICATION - VERB - LA COMMUNICATION

to sell

vendre

to call

appeler

to receive

recevoir

to send

envoyer

to frown

froncer les sourcils

to hug

prendre dans ses bras

to kiss

embrasser

to shake

secouer

to sing

chanter

to smile

sourire

to talk

parler

to wink

faire un clin d'œil

FOOD ACTIONS
LES ACTIONS LIÉES À LA NOURRITURE

to chop

hacher

to cook

cuisiner

to drink

boire

to eat

manger

to wash
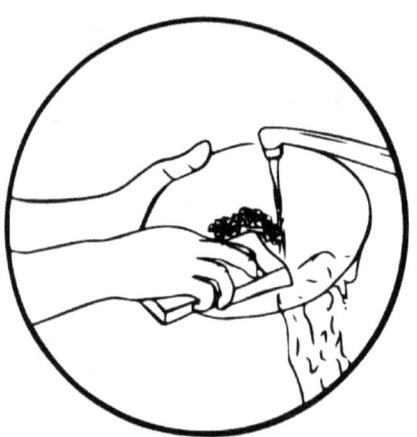
laver

to bite

mordre

to chew

mâcher

to swallow

avaler

FOOD ACTIONS - VERB - LES ACTIONS LIÉES À LA NOURRITURE

to salt

saler

HEALTH
LA SANTÉ

to sleep

dormir

to wake up

se réveiller

to rest

se reposer

to blow a nose

se moucher

to cough

tousser

to exhale

expirer

to inhale

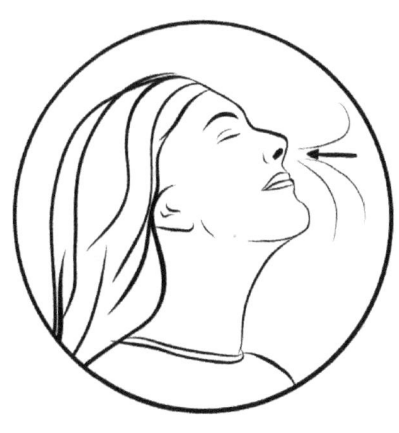

inspirer

to sneeze

éternuer

HEALTH - VERB - LA SANTÉ

to stretch

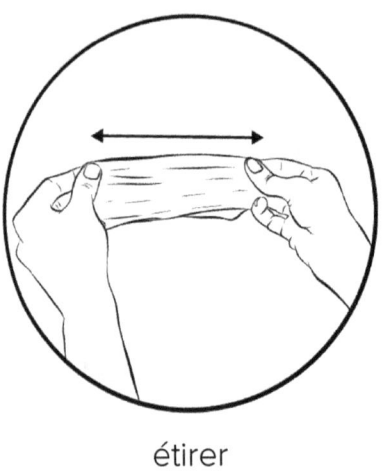

étirer

to throw up

vomir

to yawn

bâiller

INTERACTION
L'INTERACTION

to stop

arrêter

to look

regarder

to read

lire

to kill

tuer

to play

jouer

to work

travailler

to worship

adorer

to chase

chasser

to lead to play a video

 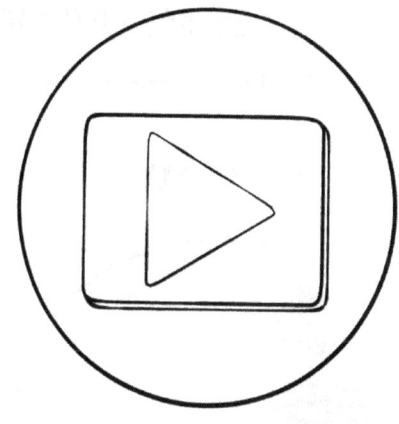

mener   jouer une vidéo

LIQUID MOVEMENTS
LES MOUVEMENTS DE LIQUIDES

to pour

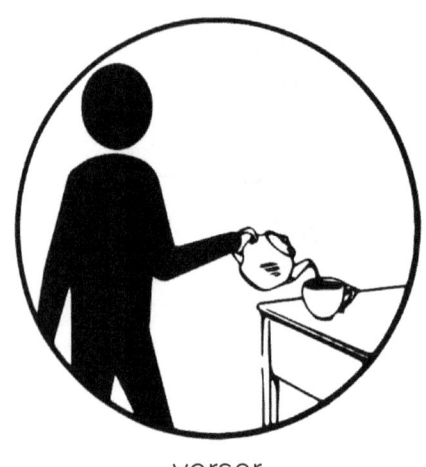

verser

to spill

renverser

to drip

goutter

to flow

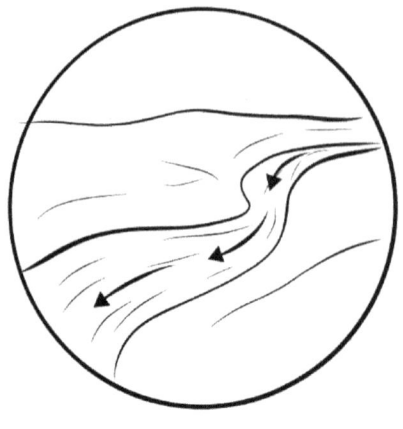

couler

to leak

fuir

to rain

pleuvoir

to run water

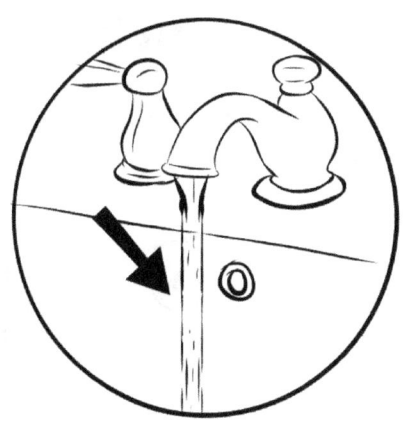

faire couler de l'eau

to splash

gicler

PHYSICAL INTERACTION
L'INTERACTION PHYSIQUE

to get

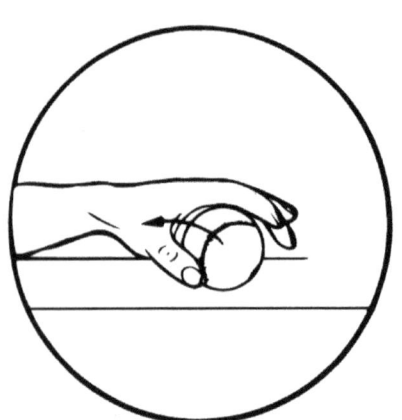

prendre

to hold

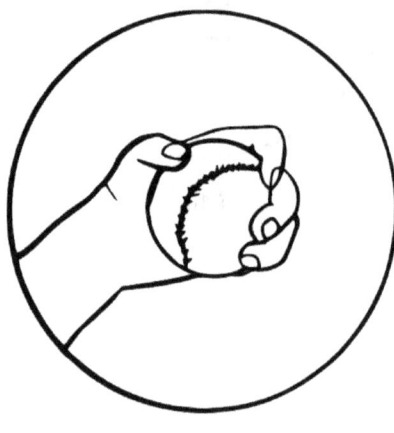

tenir

to put

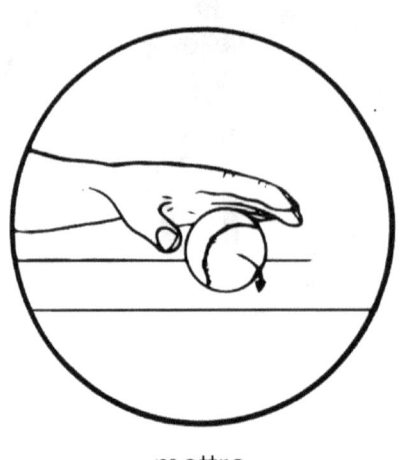

mettre

to touch

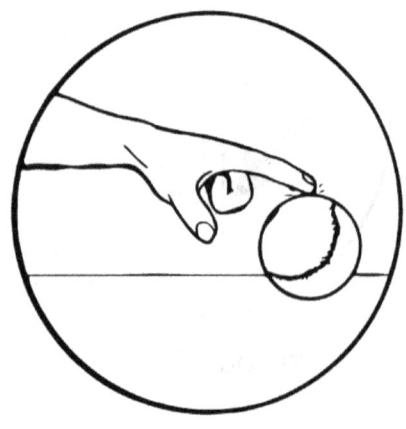

toucher

to pat

tapoter

to rub

frotter

to throw

jeter

to carry

porter

PHYSICAL INTERACTION - VERB - L'INTERACTION PHYSIQUE

to pick up

ramasser

to turn

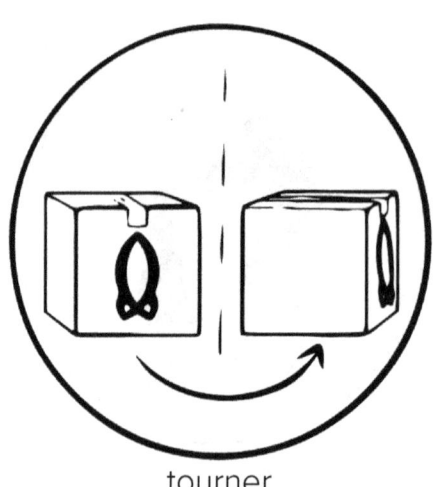

tourner

to hit

frapper

to drop

faire tomber

to drop

laisser tomber

to turn

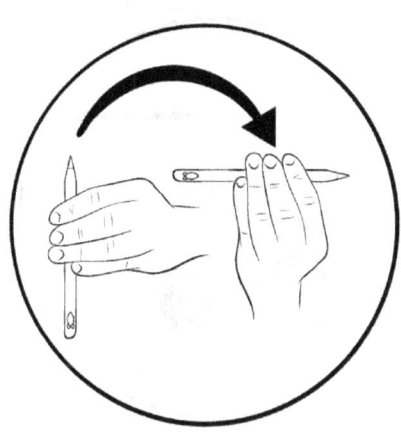

tourner

to open

ouvrir

to pull

tirer

PHYSICAL INTERACTION - VERB - L'INTERACTION PHYSIQUE

to push
to roll

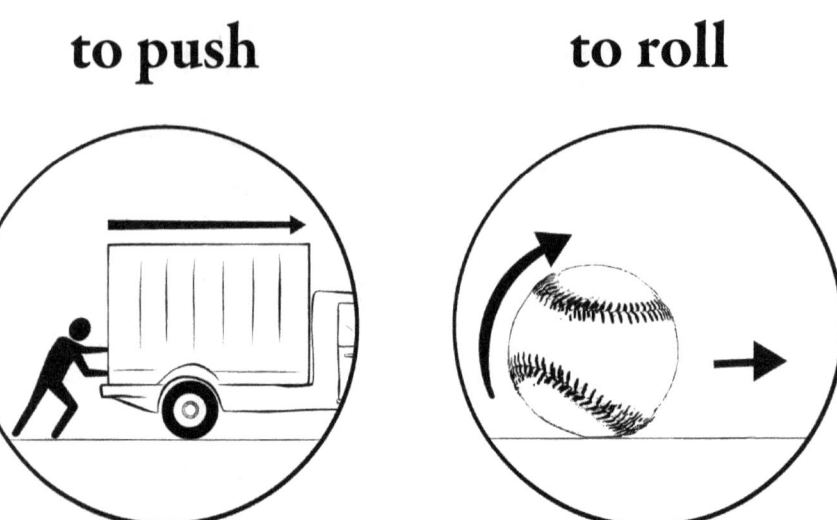

pousser

rouler

to roll
to spin

rouler

tourner

PHYSICAL INTERACTION - VERB - L'INTERACTION PHYSIQUE

to dig

creusers

to bend

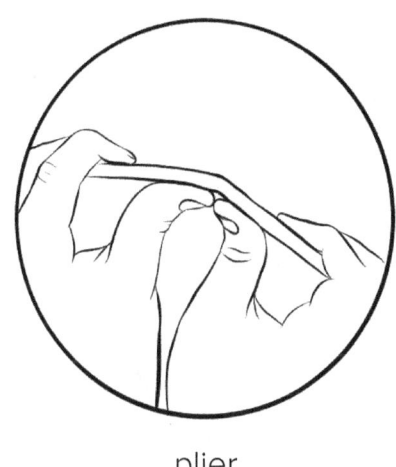

plier

to fold

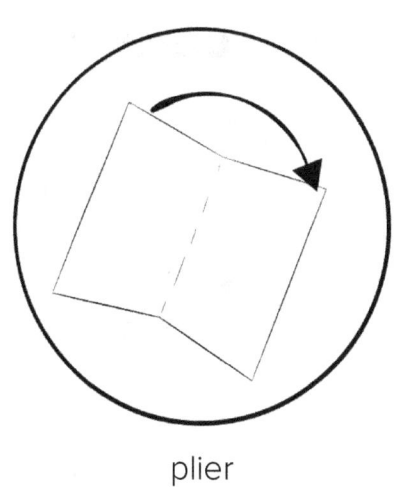

plier

to squeeze

presser

PHYSICAL INTERACTION - VERB - L'INTERACTION PHYSIQUE

TRANSFORMATION
LA TRANSFORMATION

to cut

couper

to draw

dessiner

to erase

effacer

to remove
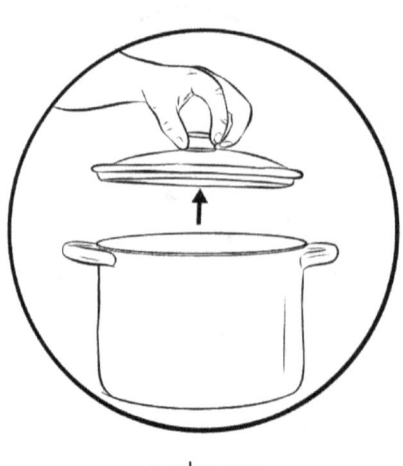
enlever

to rotate

tourner

to add

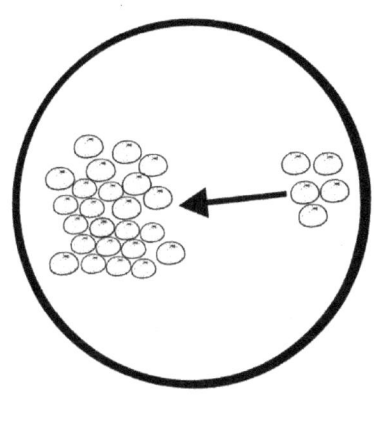

ajouter

to assemble

assembler

to build

construire

to chop

couper

to fix

réparer

to plant

planter

to sow

semer

to break
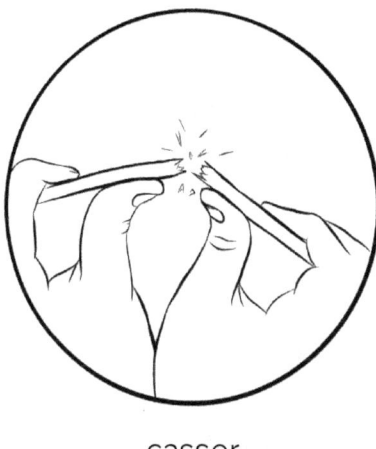
casser

to rip
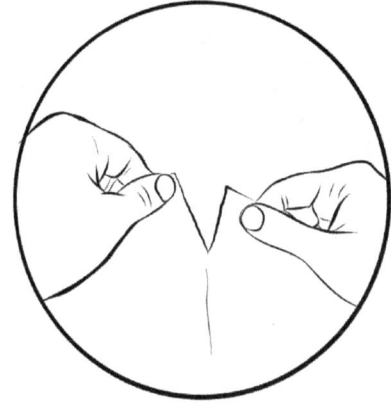
déchirer

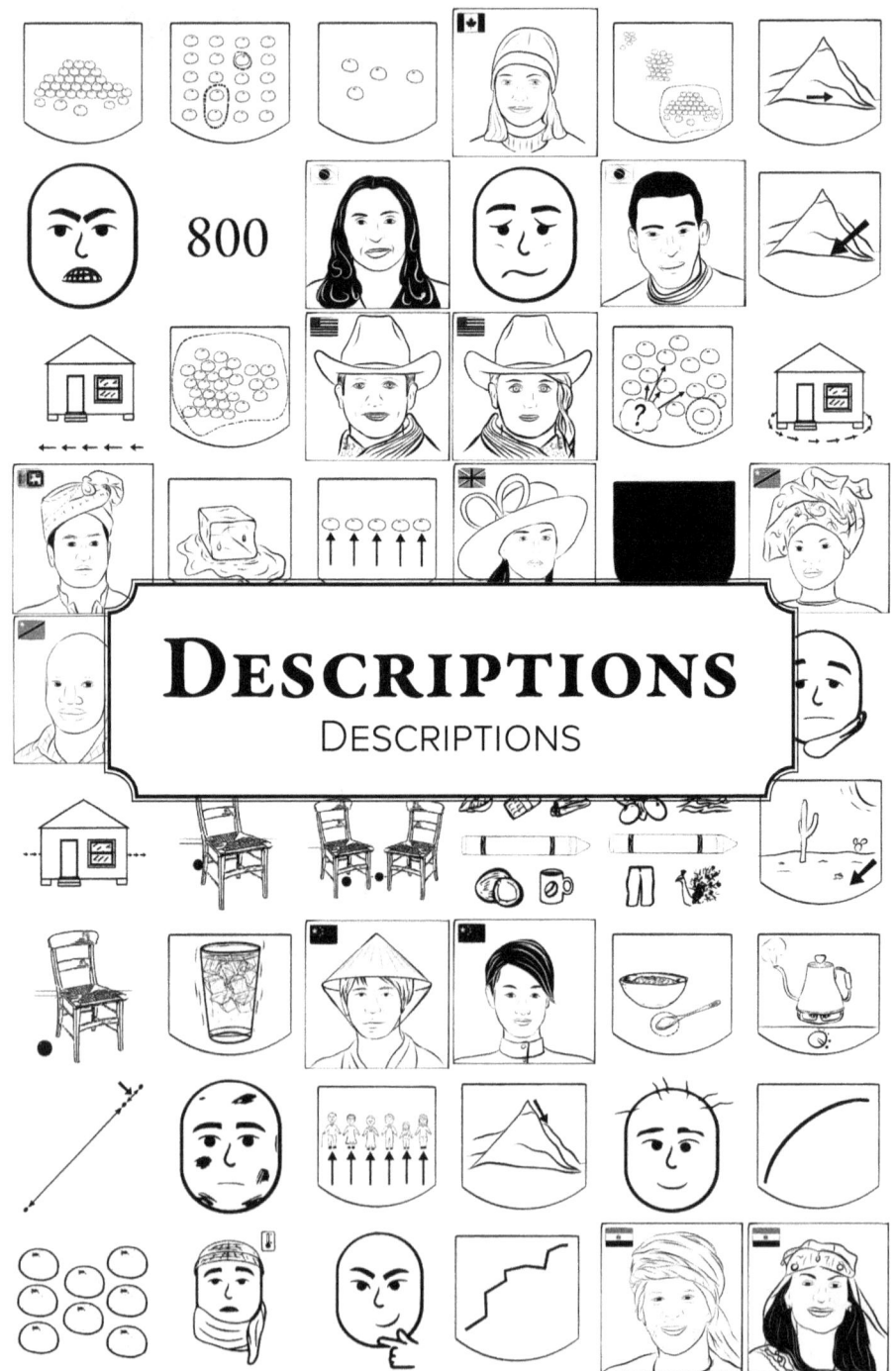

Descriptions
Descriptions

OWNERSHIP
LA POSSESSION

his | hers

son | ses

my

mon

our

notre

their

leur

your   **your**

 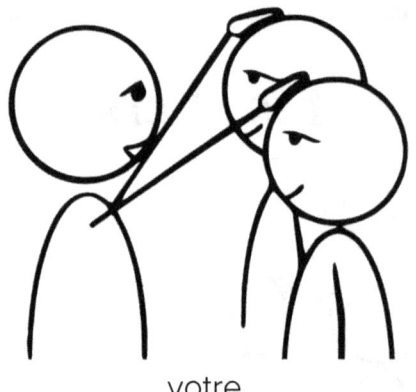

ton   votre

COLORS
LES COULEURS

black

noir

blue

bleu

brown

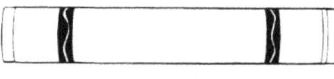

marron

green

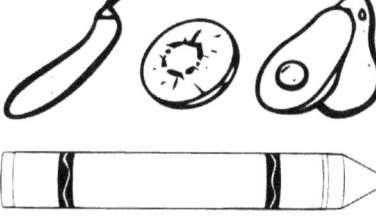

vert

grey

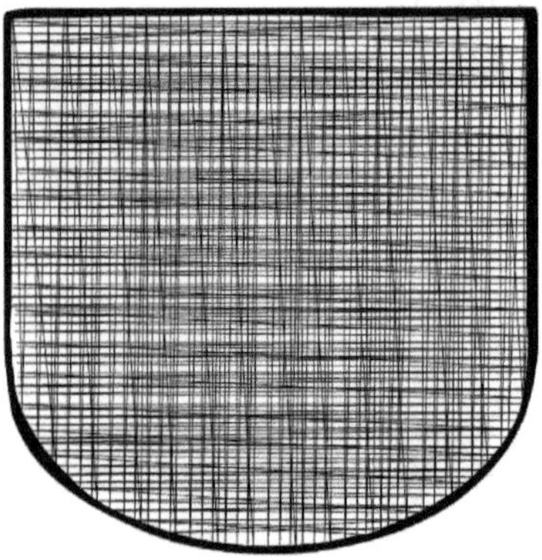

gris

orange

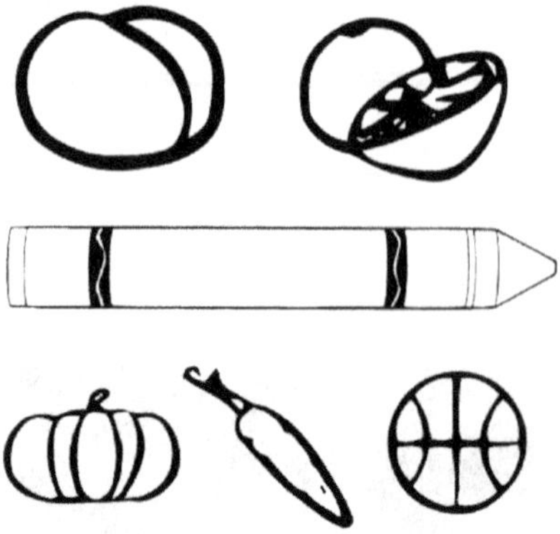

orange

pink

rose

purple

violet

COLORS - DESCRIPTION - LES COULEURS

red

rouge

white

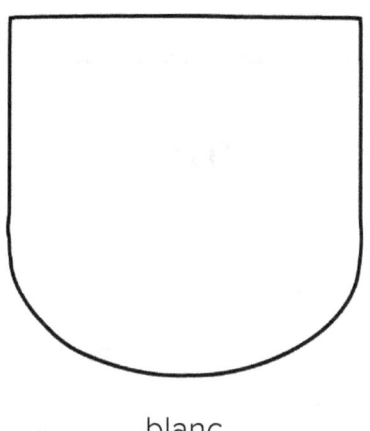

blanc

yellow

jaune

COLORS - DESCRIPTION - LES COULEURS

NUMBERS 1-20
LES NOMBRES 1-20

one

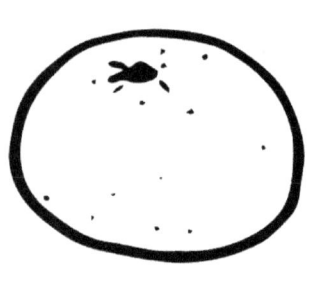

un

two

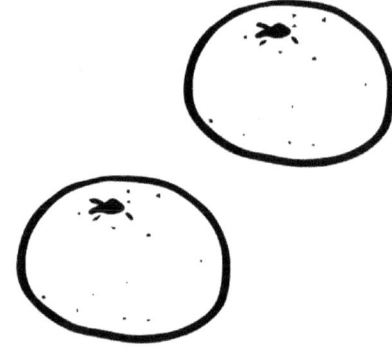

deux

three

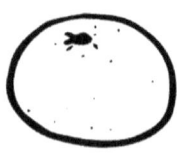

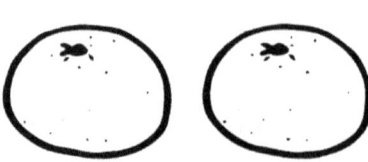

trois

four

quatre

five

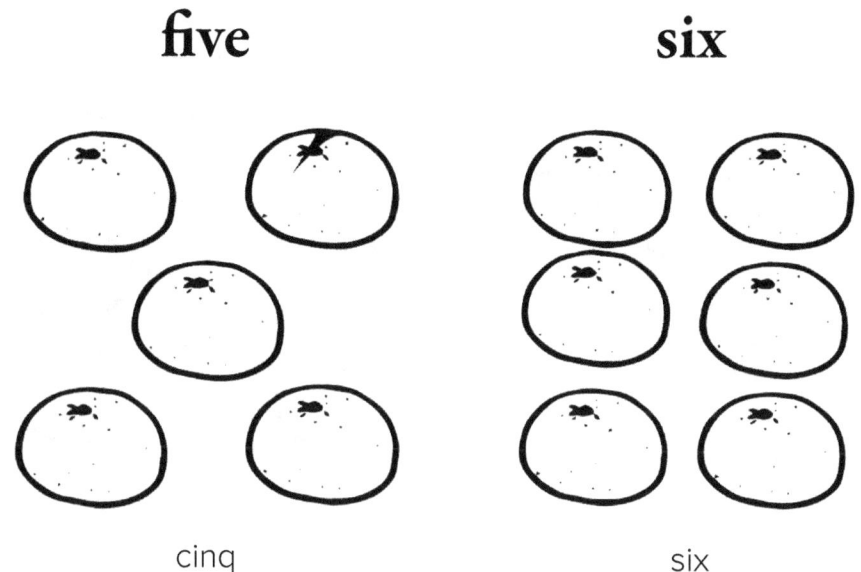

cinq

six

six

seven

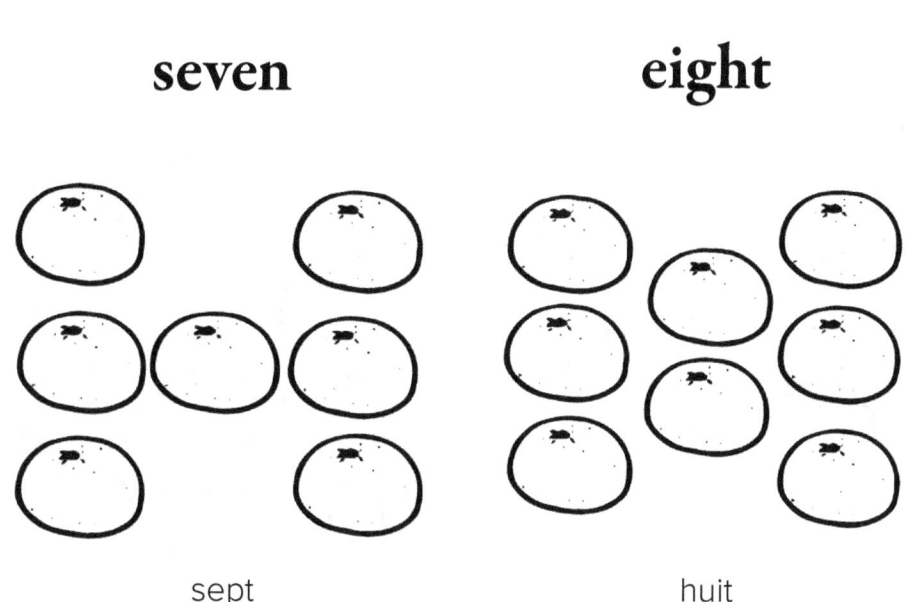

sept

eight

huit

nine ## ten

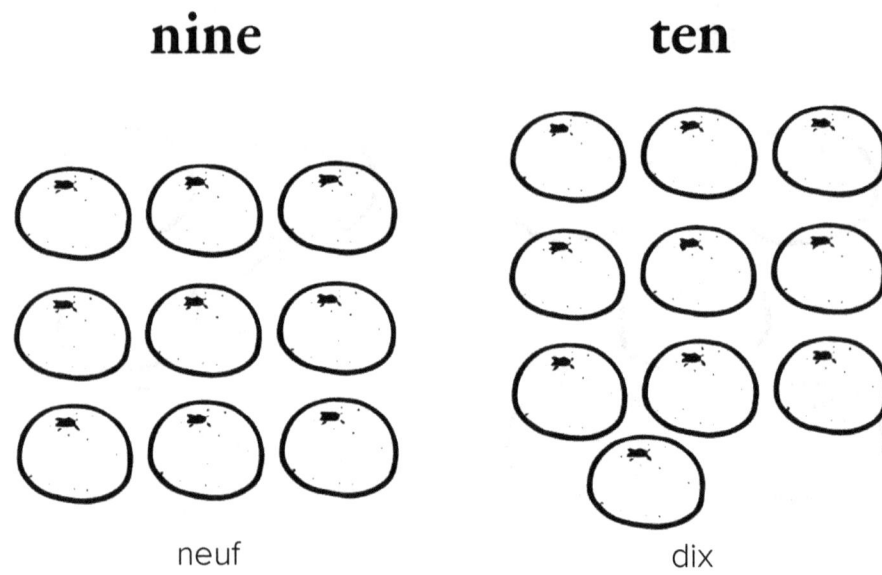

neuf · dix

eleven ## twelve

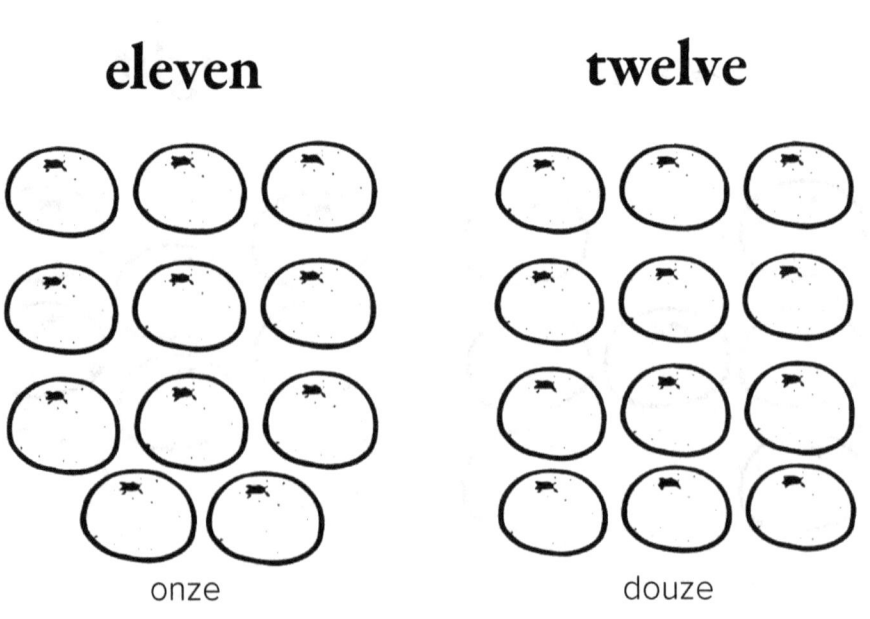

onze · douze

NUMBERS 1-20 - DESCRIPTION - LES NOMBRES 1-20

thirteen

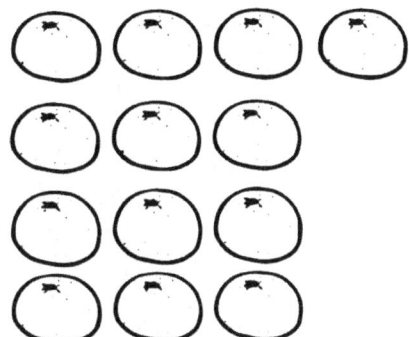

treize

fourteen

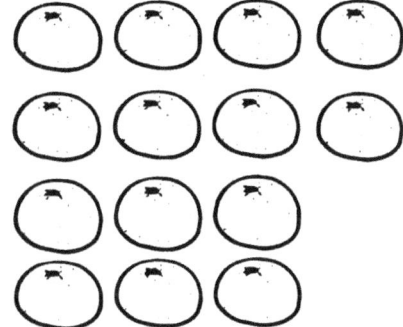

quatorze

fifteen

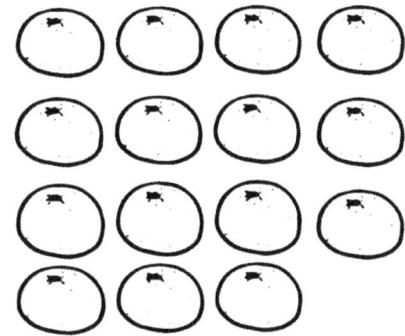

quinze

sixteen

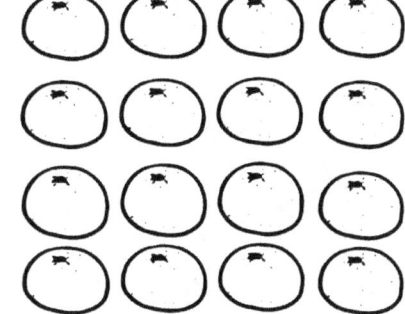

seize

seventeen

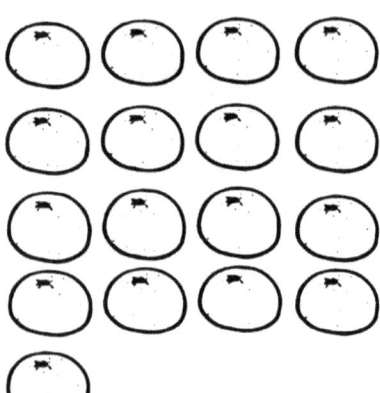

dix-sept

eighteen

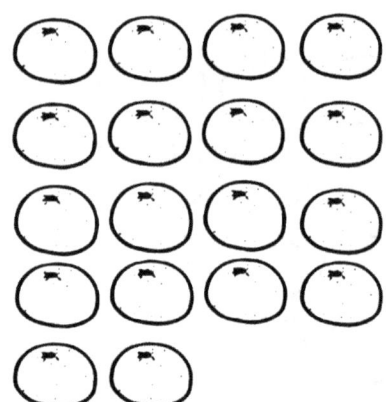

dix-huit

nineteen

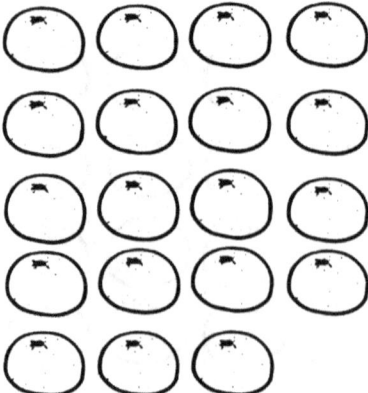

dix-neuf

twenty

20

vingt

NUMBERS (20+)
LES NOMBRES

thirty

thirty four

30

34

trente

trente-quatre

forty

fifty

40

50

quarante

cinquante

sixty	**seventy**
60	70
soixante	soixante-dix
seventy one	**eighty**
71	80
soixante et onze	quatre-vingts

eighty five	**ninety**
85	90
quatre-vingt-cinq	quatre-vingt-dix
one hundred	**two hundred**
100	200
cent	deux cents

three hundred

300

trois cents

four hundred

400

quatre cents

four hundred thirty two

432

quatre cent trente-deux

five hundred

500

cinq cents

five hundred sixty three

563

cinq cent soixante-trois

six hundred

600

six cents

seven hundred

700

sept cents

seven hundred sixty four

764

sept cent soixante-quatre

eight hundred

800

huit cents

eight hundred ninety nine

899

huit cent quatre-vingt-dix-neuf

nine hundred

900

neuf cents

one thousand

1000

mille

two thousand	**two thousand five hundred thirty**
2000	2530
deux mille	deux mille cinq cent trente
three thousand	**four thousand**
3000	4000
trois mille	quatre mille

five thousand

5000

cinq mille

six thousand

6000

six mille

seven thousand

7000

sept mille

eight thousand

8000

huit mille

nine thousand	**ten thousand**
9000	**10000**
neuf mille	dix mille
one hundred thousand	**one million**
100000	**1000000**
cent mille	un million

QUANTITY
LA QUANTITÉ

a few

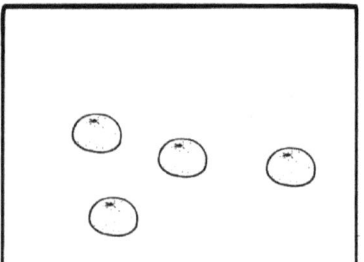

quelques-uns

a little bit

un peu

any one

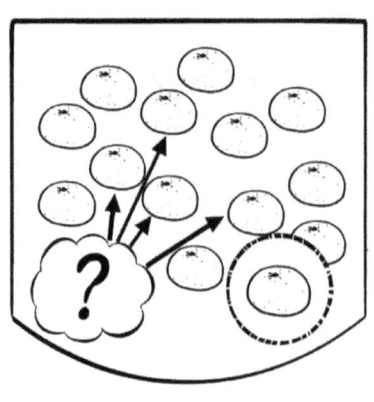

n'importe lequel

each one

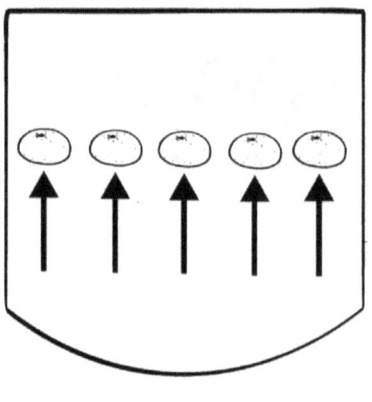

chacun

every one
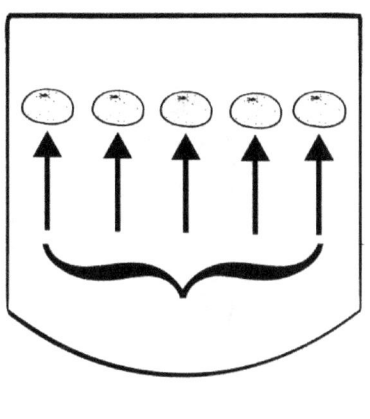
chacun

less than
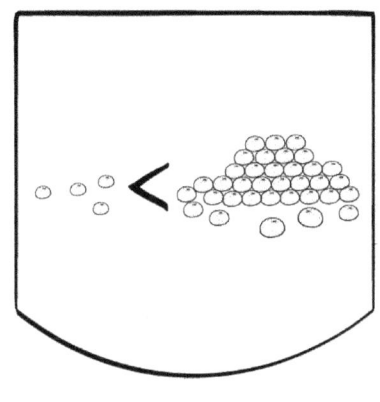
moins que

more than
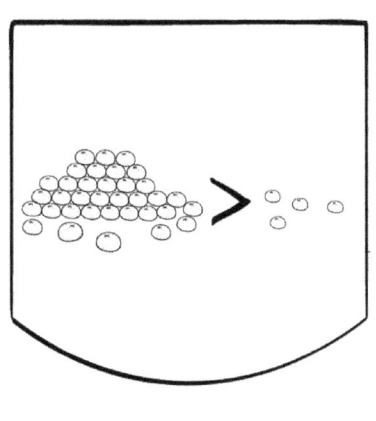
plus que

most of them
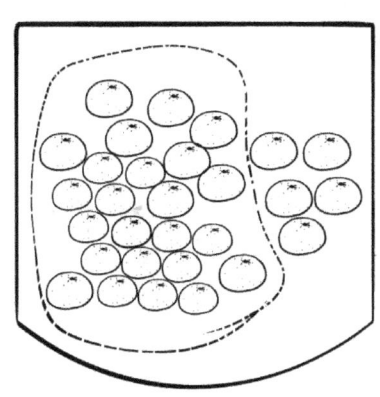
la plupart d'entre eux

empty

vide

full

plein

half-full

à moitié plein

a bunch of
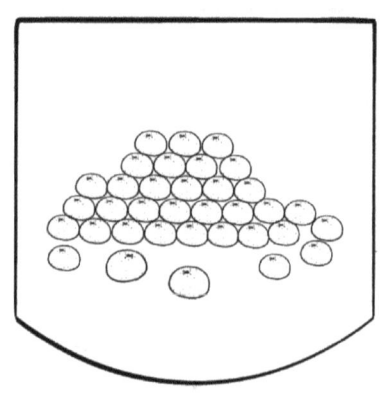
un tas de

a couple of

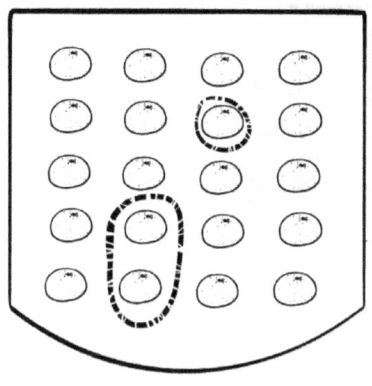

quelques-uns

a lot of them

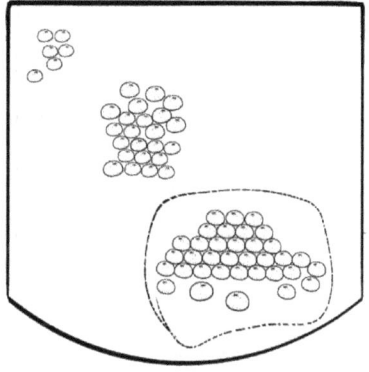

beaucoup d'entre eux

all of them

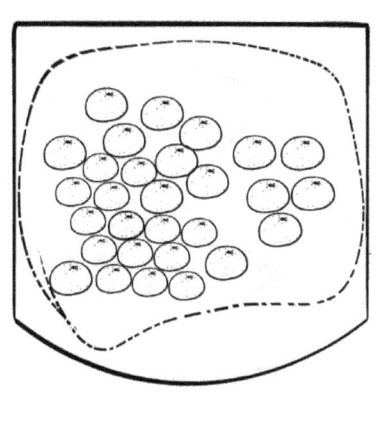

tous

each of them

chacun d'eux

QUANTITY - DESCRIPTION - LA QUANTITÉ

one of them

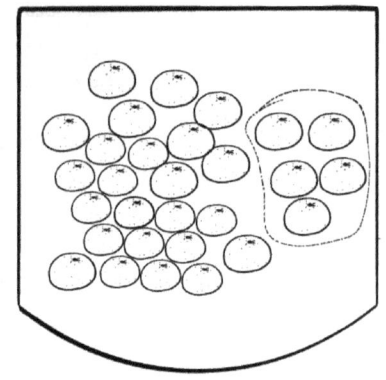

l'un d'entre eux

some of them

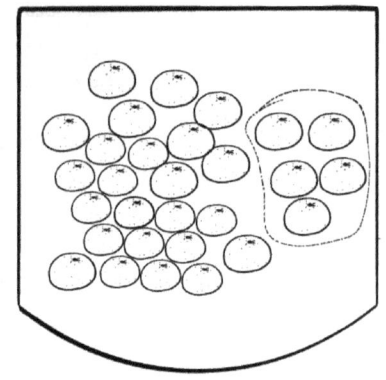

certains d'entre eux

no one

personne

nothing

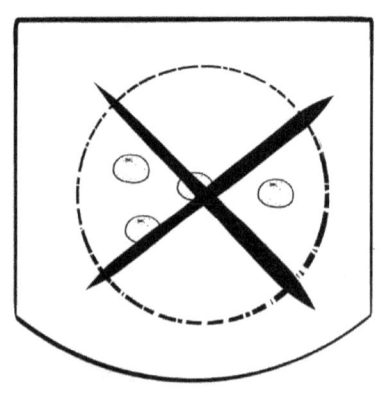

rien

QUANTITY - DESCRIPTION - LA QUANTITÉ

SIZE
LA TAILLE

tall

grand

Short

petit

big

grande

small

petite

small

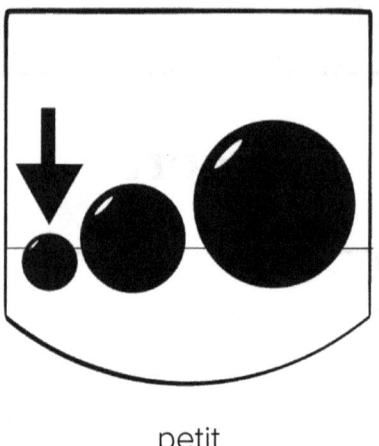

petit

short

court

medium

moyen

large

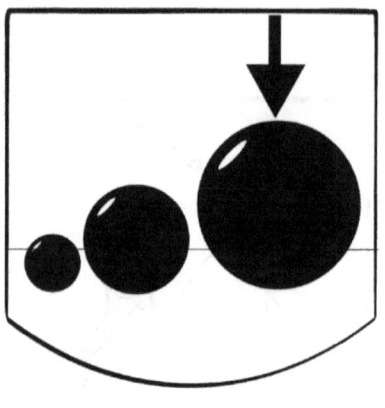

grand

SIZE - DESCRIPTION - LA TAILLE

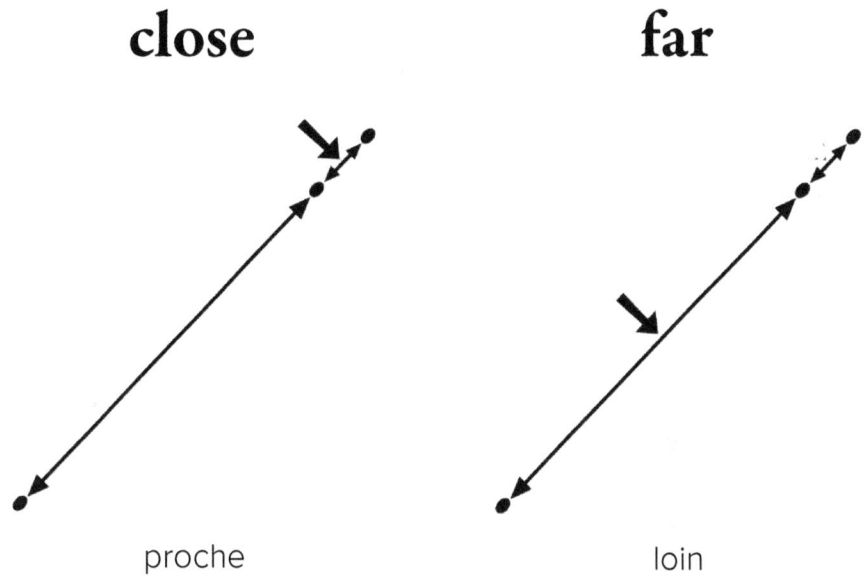
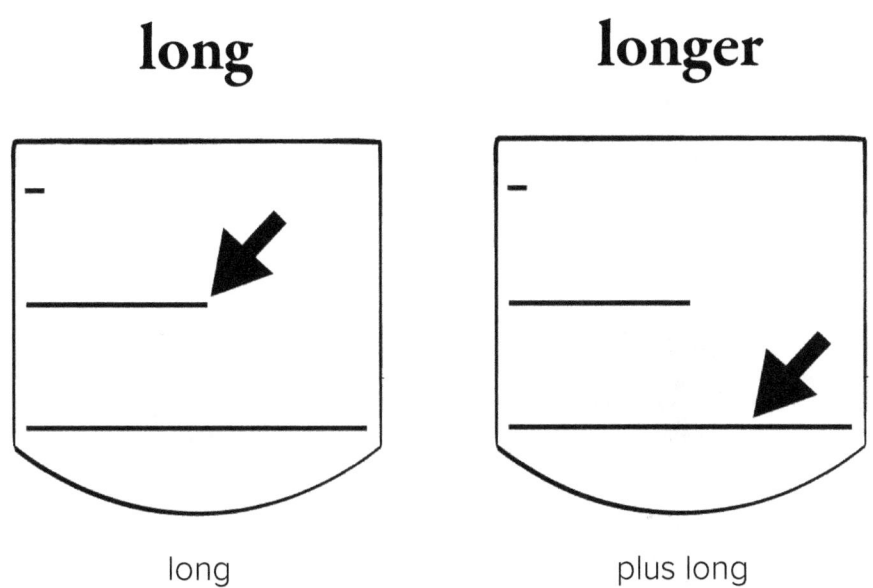

SIZE - DESCRIPTION - LA TAILLE

LINES
LA FORME

left turn

virage à gauche

right turn

virage à droite

straight

droit

U-turn

demi-tour

straight

droit

crooked

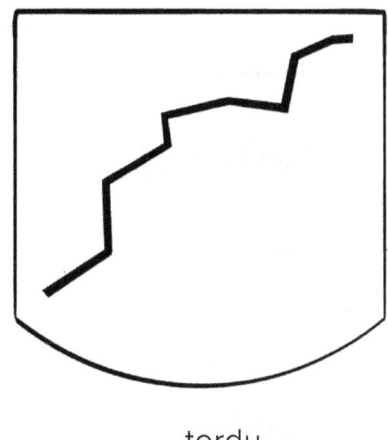

tordu

curved

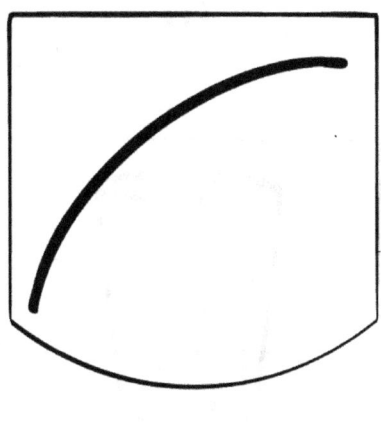

courbé

PLACEMENT
LE PLACEMENT

behind

derrière

beside

à côté de

between

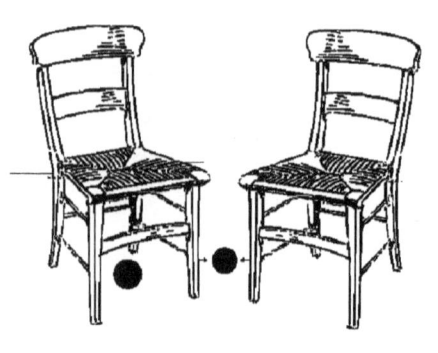

entre

in

dedans

behind

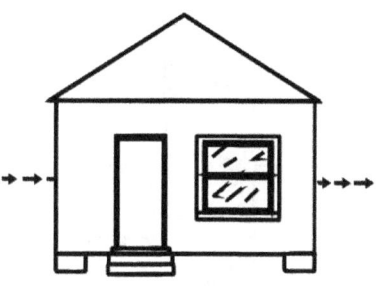

derrière

in

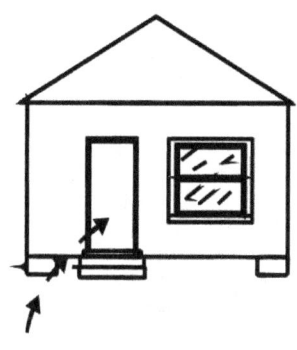

dans

in front of

devant

on

sur

PLACEMENT - DESCRIPTION - LE PLACEMENT

out

dehors

over

dessus

out

dehors

over

sur

PLACEMENT - DESCRIPTION - LE PLACEMENT

under

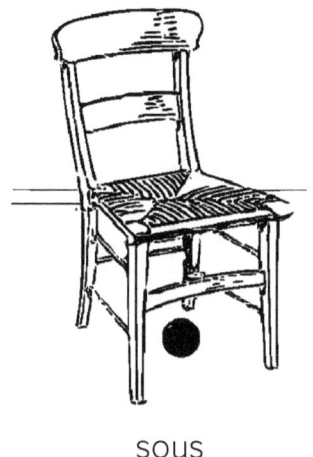

sous

across

à travers

bottom

bas

down

en bas

PLACEMENT - DESCRIPTION - LE PLACEMENT

across

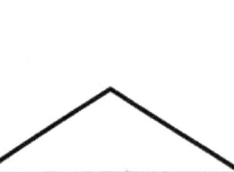

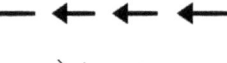

à travers

under

sous

middle

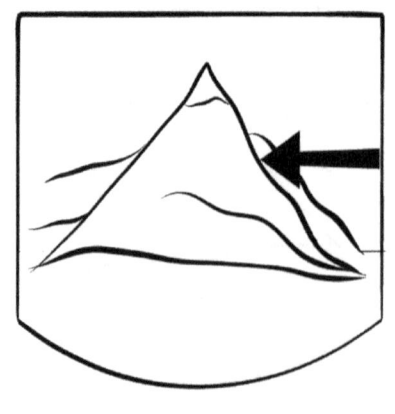

milieu

top

haut

up

en haut

around

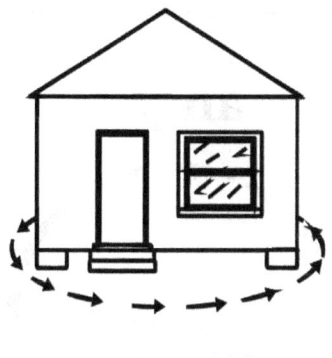

autour

through

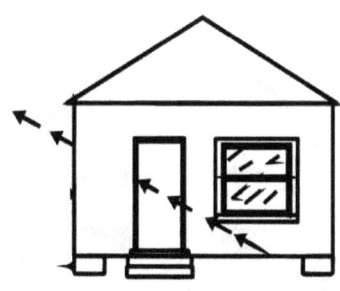

à travers

FEELINGS
LES SENTIMENTS

angry

en colère

bored

ennuyé

cold

froid

confused

embrouillé

cold

froid

exhausted

épuisé

happy

heureux

hot

chaud

FEELINGS - DESCRIPTION - LES SENTIMENTS

hungry

affamé

hot

chaud

hurt

blessé

sad

triste

shocked

choqué

sick

malade

surprised

surpris

thirsty

assoiffé

FEELINGS - DESCRIPTION - LES SENTIMENTS

tired

fatigué

worried

inquiet

boiling

bouillant

cool

frais

dry

sec

frozen

gelé

warm

tiède

wet

mouillé

FEELINGS - DESCRIPTION - LES SENTIMENTS

CHARACTER DESCRIPTIONS
LES DESCRIPTIONS DE PERSONNAGES

crazy

fou

cunning

rusé

dirty

sale

evil

maléfique

jolly
joyeux

kind
gentil

stern
sévère

NATIONALITIES
LES NATIONALITÉS

American

Américain

American

Américaine

Bangladeshi

bangladais

Bangladeshi

bangladais

Brazilian

brésilien

Brazilian

brésilienne

British

britannique

British

britannique

Canadian

canadien

Canadian

canadienne

Chinese

chinois

Chinese

chinoise

Congolese

congolais

Congolese

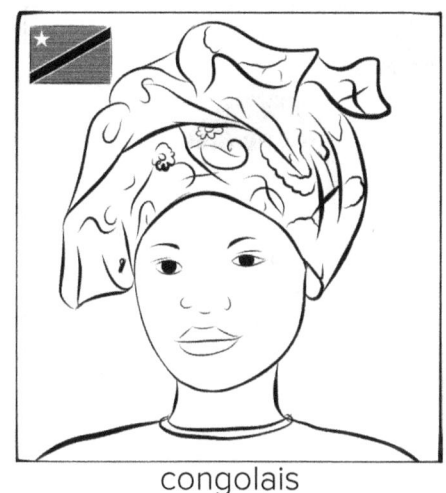

congolais

Egyptian

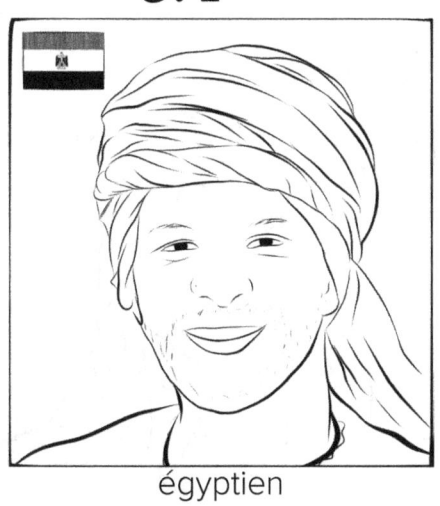

égyptien

Egyptian

égyptienne

Ethiopian

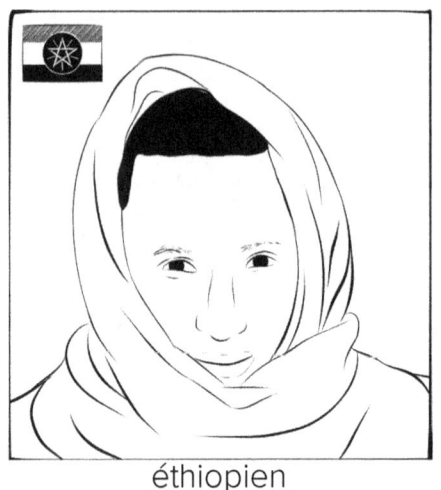

éthiopien

Ethiopian

éthiopienne

French

français

French

français

German

allemand

German

allemande

Indian

indien

Indian

indienne

NATIONALITIES - DESCRIPTION - LES NATIONALITÉS

Indonesian   # Indonesian

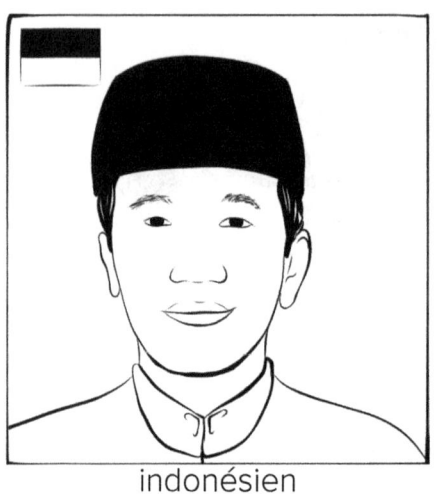
indonésien

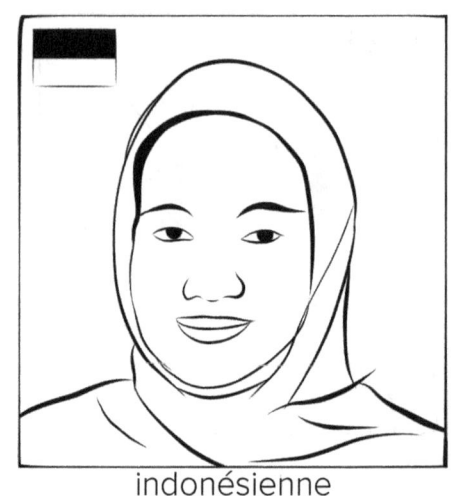
indonésienne

Iranian   # Iranian

iranien

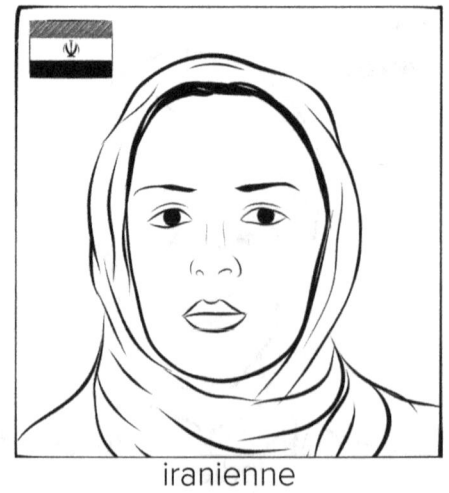
iranienne

Japanese

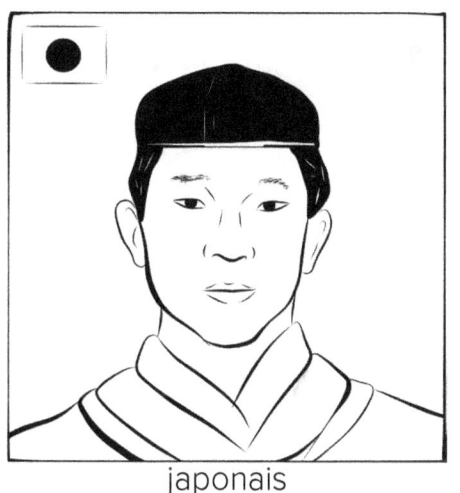

japonais

Japanese

japonais

Mexican

mexicain

Mexican

mexicaine

NATIONALITIES - DESCRIPTION - LES NATIONALITÉS

Nigerian
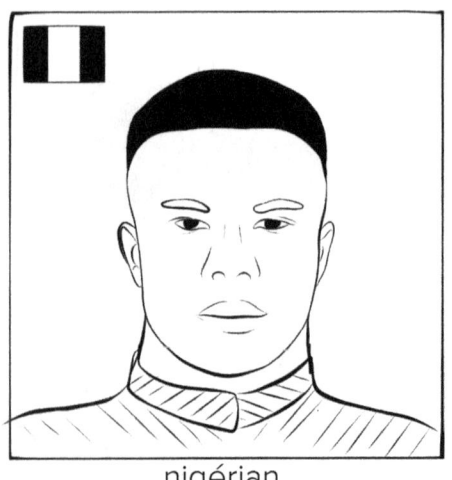
nigérian

Nigerian

nigériane

Pakistani

pakistanais

Pakistani

pakistanais

Philippine

philippin

Philippine

philippine

Russian

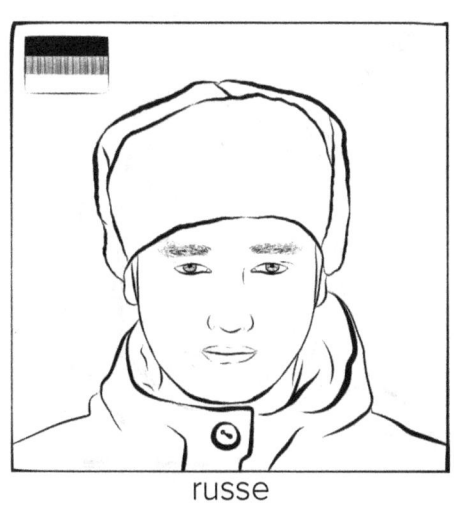

russe

Russian

russe

Saudi Arabian

Saoudien

Saudi Arabian

Saoudienne

Turkish

turc

Turkish

turc

Vietnamese   Vietnamese

Vietnamien

Vietnamienne

GREETINGS
LES SALUTATIONS

Hello.

Bonjour.

Hi.

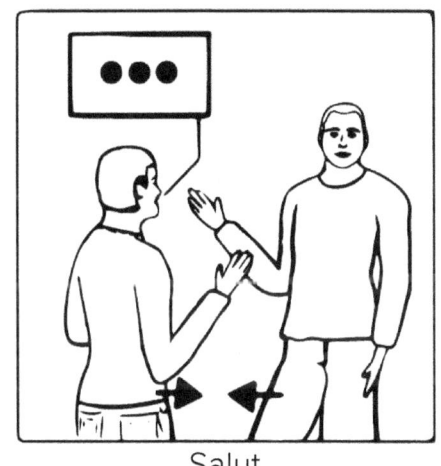

Salut

How are you ?

Comment ça va ?

I'm well. How are you?

Bien, comment vas-tu ?

What is your name?

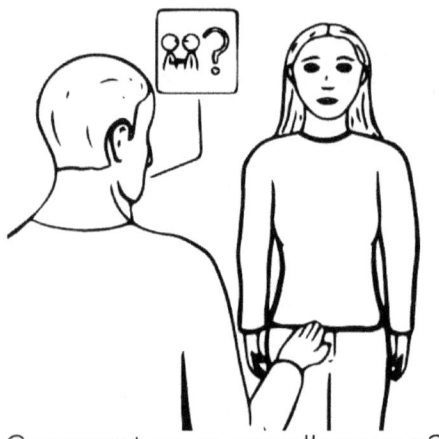

Comment vous appellez vous?

My name is …

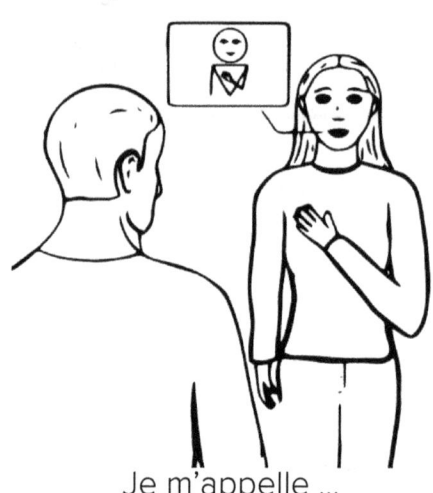

Je m'appelle …

Who is he?

Qui est-il

His name is …

Son nom est …

GREETINGS - PHRASE - LES SALUTATIONS

knock knock

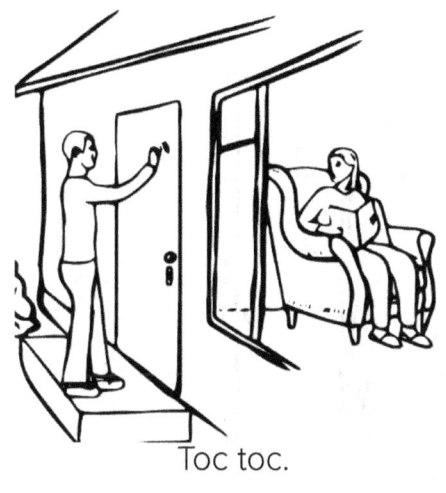

Toc toc.

Who is it ?

C'est qui?

Its me!

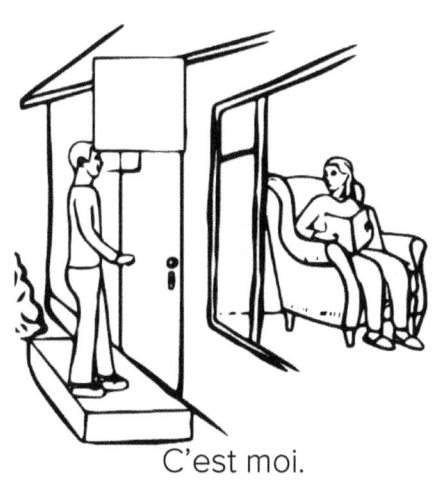

C'est moi.

I'm coming...

J'arrive...

GREETINGS - PHRASE - LES SALUTATIONS

Welcome. | Come on in!

Thank you.

Bienvenue! | Entrez.

Merci.

Goodbye.

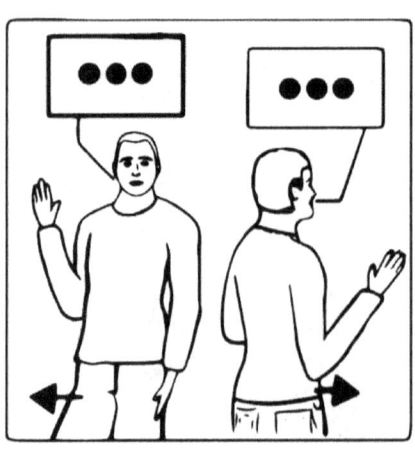
Au revoir

GREETINGS - PHRASE - LES SALUTATIONS

COMMON PHRASES
LES PHRASES COURANTES

Blah blah blah

Bla bla bla

I'm sorry, I don't understand ...

Je suis désolé, je ne comprends pas ...

What is that ?

Qu'est-ce que c'est ça

That is a ...

C'est un ...

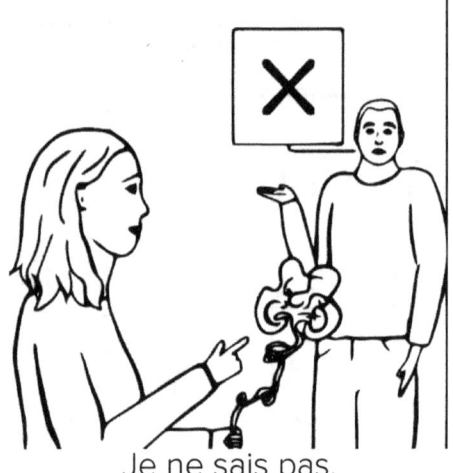

COMMON PHRASES - PHRASE - LES PHRASES COURANTES

A gift for you

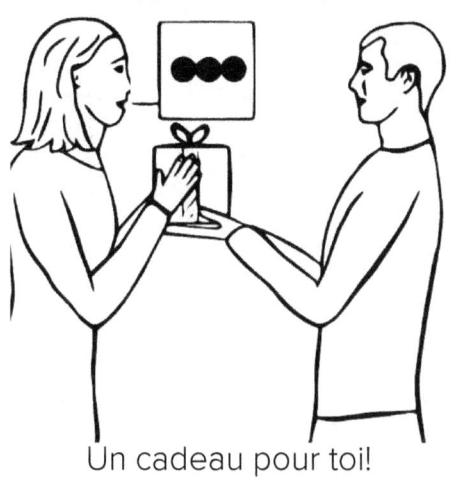

Un cadeau pour toi!

Thank you

Merci

You are welcome.

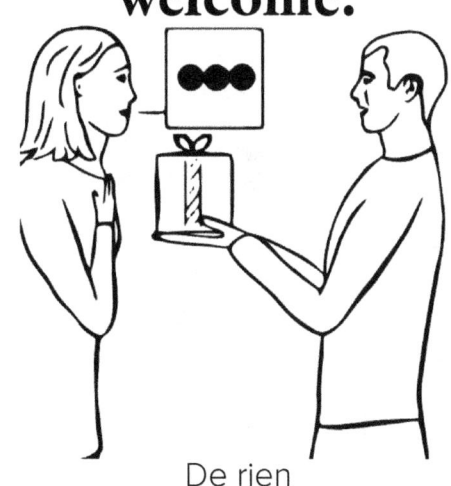

De rien

Do you have ... ?

Avez-vous ... ?

Yes, we have … .

Oui, nous avons … .

Where is the restroom?

Où sont les toilettes ?

The restroom is over there.

Les toilettes sont là-bas.

How much is it?

Combien ça coûte ?

It is ... dollars.

C'est ... dollars.

Bless you

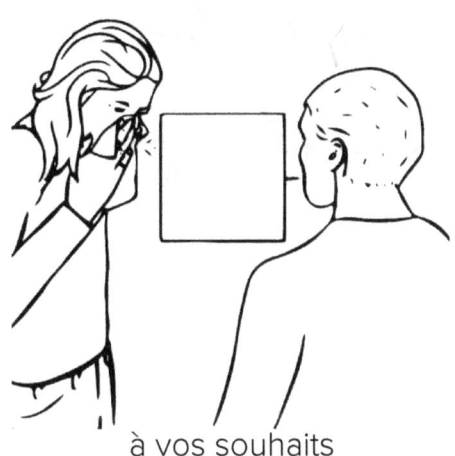

à vos souhaits

Can I help you?

Puis-je vous aider ?

Yes, please.

Oui, s'il vous plaît.

COMMON PHRASES - PHRASE - LES PHRASES COURANTES

Thank you very much

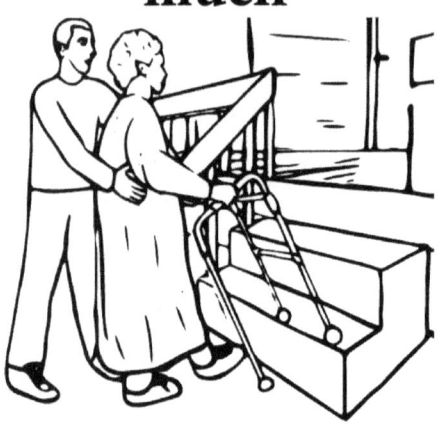

Merci beaucoup

Can you help me?

Peux-tu m'aider ?

Yes, I can help.

Oui, je peux aider.

Thank you so much

Merci beaucoup !

Oops!

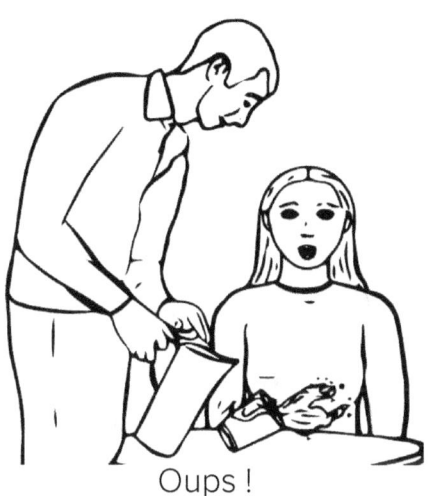

Oups !

I'm sorry.

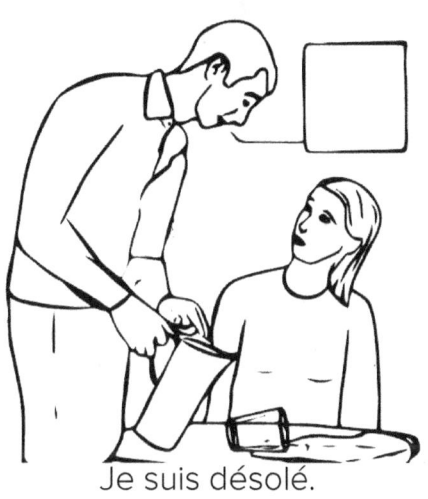

Je suis désolé.

It's okay, I forgive you.

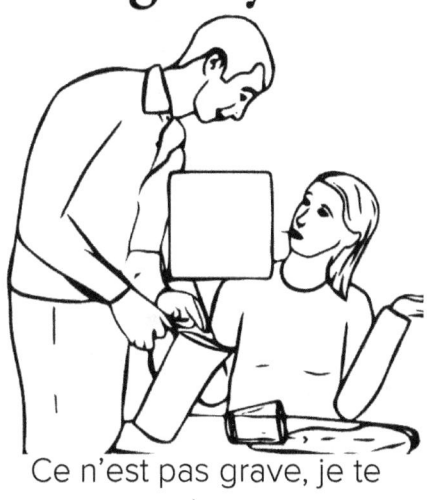

Ce n'est pas grave, je te pardonne.

Watch out!

Attention !

Please have a seat.

Veuillez vous asseoir

To give advice

Donner des conseils

Can you repeat that for me?

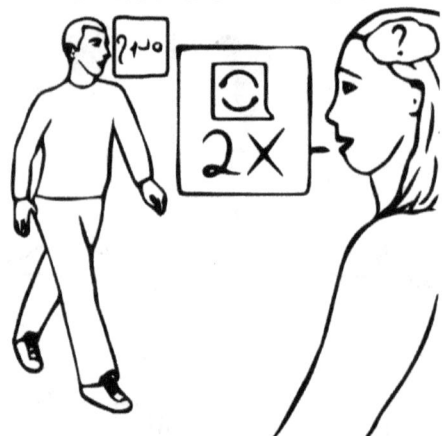

Peux-tu répéter ça pour moi ?

Can you say that louder?

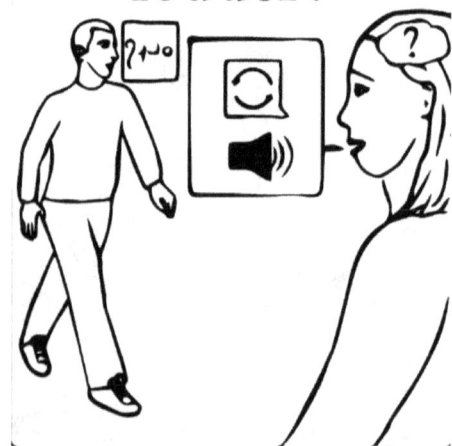

Peux-tu dire ça plus fort ?

Can you say that slower?

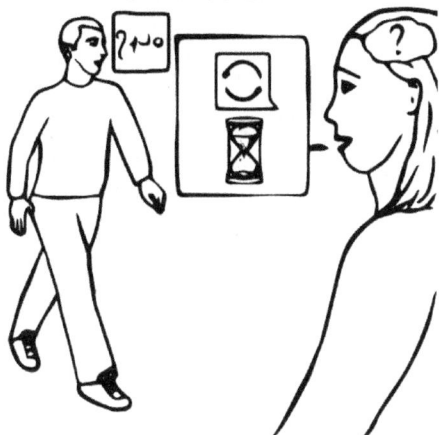

Peux-tu dire ça plus lentement ?

Can you spell that?

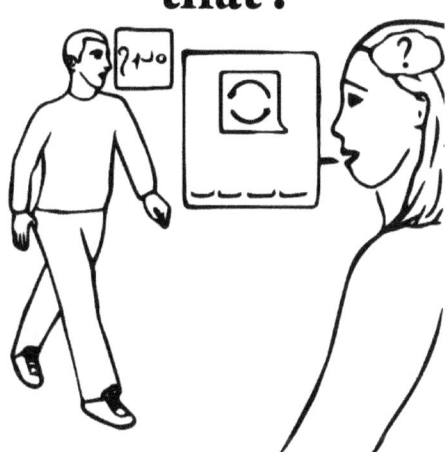

Peux-tu épeler ça ?

Congratulations!

Félicitations !

Best wishes to both of you!

Meilleurs vœux à vous deux !

Happy birthday!

Joyeux anniversaire !

Happy new year!

Bonne année !

I'm sorry for your loss.

Mes condoléances.

Index

abeille	20
acheter	133
adorer	144
aéroport	43
affamé	195
Afrique	101
aider.	224
aile	26
ajouter	155
allemand	207
allemande	207
aller	127
allumette	88
amande	58
ambulance	30
Américain	202
Américaine	202
ananas	67
année	105
août	109
appeler	134
araignée	20
arbre	92
arc-en-ciel	92
arrêter	143
Asie	101
aspirateur	73
assembler	155
asseoir	226
assiette	77
assoiffé	197
aubergine	62
aujourd'hui	125
Australie	101
autour	192
avaler	138
avril	108
bâiller	142
bains	56
balai	72
balayette	72
banane	58
bangladais	202
banque	43
bar	44
barbe	17
bas	190
baseball	33
basilic	58
baskets	38
bateau	30
beau-parent	10
beaucoup	224
beaux-parents	10
bébé	4
bec	24
betterave	59
bibliothèque	48
bière	73
bifurcation	46
biscuits	61
bla	219

blanc	163		canapé	53
blazer	39		canard	21
blessé	196		capuche	35
bleu	161		carotte	60
blouse	33		carré	27
boire	137		carte	101
boissons	73		casquette	34
bol	76		casser	157
bonbon	60		casserole	80
Bonjour.	215		ceinture	33
botte	33		cent	171
bouche	16		centime	111
boucherie	44		centimes	111
bouillant	198		cents	171
bouilloire	79		cercle	27
boulangerie	43		cerise	61
boulon	82		chacun	178
bouteille	81		chaise	53
bras	11		chambre	37
brésilien	203		chameau	20
brésilienne	203		champ	42
britannique	203		champignons	65
brocolis	59		chanter	136
brosse	72		chasser	144
buisson	93		chat	18
bureau	52		chaud	195
bus	30		chaussettes	39
ça	219		chaussure	35
cacahuète	66		chemise	38
café	45		cheval	19
camionnette	31		cheveux	14
canadien	204		chèvre	21
canadienne	204		chien	18

chinois	204
chinoise	204
choqué	196
chou	59
chou-fleur	60
ciel	95
cinq	123
cinquante	169
cintre	87
ciseaux	88
citron	63
citrouille	68
clé	84
clôture	116
clou	82
cochon	22
coiffure	44
coin	115
colère	194
colle	88
commode	54
concombre	62
condoléances.	228
conduire	130
cône	28
congolais	205
conseils	226
construire	155
coquille	25
coriandre	61
corne	25
coucher	56
coude	13

couler	146
couleurs	160
couloir	57
coupe-ongles	98
couper	154
couple	7
courbé	187
courgette	70
courir	128
court	183
couteau	76
couvercle	79
couverture	89
cravate	40
crayon	86
creusers	153
cube	28
cuillère	78
cuisine	57
cuisiner	137
cuisinière	54
cylindre	28
d'appartements	43
d'eux	181
d'hiver	41
d'œil	136
dans	188
de	180
décembre	110
déchirer	157
découper	79
dedans	188
dehors	189

demain	125		effacer	154
demi-tour	129		église	45
dentifrice	100		égyptien	205
dentiste	45		égyptienne	205
dents	99		éléphant	21
dernier			elle	2
derrière	11		embrasser	135
désert	93		embrouillé	194
désolé.	225		enfants	5
dessiner	154		enlever	154
dessus	189		ennuyé	194
deux	164		entre	188
devant	189		Entrez.	218
dimanche	106		envoyer	134
dix	124		épaule	16
dix-huit	168		épouse	7
dix-neuf	168		époux	7
dix-sept	168		épuisé	195
doigt	13		Est	104
dollar	112		est-il	216
dollars	113		éternuer	141
dollars.	223		éthiopien	206
donner	132		éthiopienne	206
dormir	140		étirer	142
dos	11		étoile	29
douze	166		Europe	102
droit	186		eux	179
droite	186		évier	55
écharpe	37		expirer	141
école	51		farine	62
écrire	133		fatigué	197
écrou	83		fauteuil	53
			femme	5

fenêtre	55		glace	71
février	108		globe	102
ficelle	89		gorge	17
fil	84		goutter	146
fille	4		grand	183
fils	6		grand-mère	9
fleur	92		grand-père	9
fleuriste	46		grande	183
forêt	94		grands-parents	10
fou	200		grange	42
fourchette	76		grenouille	19
frais	198		griffe	24
fraise	69		grimper	129
français	206		gris	162
frapper	150		habillée	34
frère	8		hache	82
froid	194		hacher	137
front	14		hanches	15
frotter	149		haut	191
fruits	47		hélicoptère	32
fuir	147		heure	120
fumée	95		heures	120
gants	35		heureux	195
garage	116		hier	125
garçon	4		hochet	90
gare	52		homme	4
gâteau	60		hôpital	48
gauche	186		horloge	87
gelé	199		huit	165
genou	15		ils	2
gentil	201		image	87
gicler	147		indien	207
gilet	41		indienne	207

indonésien	208	l'été	103
indonésienne	208	l'hiver	103
inquiet	197	là-bas.	222
inspirer	141	lait	74
intersection	48	laitue	64
iranien	208	lapin	23
iranienne	208	laver	73
J'arrive…	217	légumes	71
jambe	16	lequel	178
janvier	107	leur	159
japonais	209	lever	128
jardin	56	lézard	22
jaune	163	ligne	29
je	2	lion	22
jean	36	lire	143
jeter	149	lit	53
jeudi	107	livraison	31
joue	12	livre	85
jouer	144	loin	185
jouets	51	long	185
jour	105	lumière	87
journaux	49	lundi	106
joyeux	201	lunettes	88
juillet	109	mâcher	138
juin	109	mâchoire	15
jupe	38	magasin	46
jus	74	mai	108
l'ail	63	main	14
l'après-midi	119	maïs	61
l'aube	118	maison	42
l'automne	103	malade	196
l'eau	75	maléfique	200
l'escalier	117	manches	40

manger	57
mangue	64
manteau	34
marché	49
marcher	128
mardi	106
marron	161
mars	108
marteau	82
matin	118
médecin	5
médicaments	98
mener	145
menthe	64
menton	12
mer	94
Merci	221
Merci.	218
mercredi	106
mère	6
mettre	148
meubles	47
mexicain	209
mexicaine	209
midi	119
milieu	191
mille	174
millième	111
millièmes	112
million	177
mini-jupe	36
minuit	119
miroir	55

moi.	217
mois	105
mon	159
monde	92
montagne	94
monter	130
montrer	132
mordre	138
mosquée	49
moto	31
mouche	19
moucher	140
mouchoir	97
mouillé	199
moustache	17
mouton	23
moyen	184
multiprises	83
mur	116
museau	25
nager	131
nappe	90
navire	30
neuf	166
nez	16
nigérian	210
nigériane	210
noir	161
noix	65
Nord	102
notre	159
nous	2
novembre	110

nuage	93		peigne	97
nuit	118		pencher	129
octobre	110		penser	133
œil	13		pentagone	29
œuf	62		père	6
oie	22		persil	66
oignon	65		personne	182
oiseau	18		petit	183
ongles	97		petit-fils	10
onze	166		petite	183
orange	65		petite-fille	9
ordures	72		peu	178
oreille	12		pharmacie	50
oreiller	86		philippin	211
orteils	17		philippine	211
Ouest	104		pichet	80
outils	82		pied	14
ouvrir	151		pilules	99
pain	59		pinces	83
pakistanais	210		plafond	115
panier	89		plage	93
pansement	97		plaît.	223
pantalon	36		planter	156
papier	85		plein	180
par-dessus	130		pleurer	132
parapluie	91		pleuvoir	147
parc	49		plier	153
pardonne.	225		plume	24
parents	7		poêle	80
parfum	98		poils	24
parler	136		pointer	132
pas.	220		poire	66
pastèque	70		pois	66

poisson	19
poitrine	12
poivre	67
poivron	67
pomme	58
pompier	5
porte	115
porter	149
poste	50
poulet	21
pousser	151
prendre	148
presser	153
printemps	103
proche	184
pull	39
pyramide	29
quarante	169
quarante-cinq	122
quatorze	167
quatre	164
quatre-vingt-cinq	171
quatre-vingt-dix	171
quatre-vingt-dix-neuf	174
quatre-vingts	170
que	179
quelques-uns	178
queue	26
qui?	217
quincaillerie	48
quinze	124

radiateur	54
radis	68
raisins	63
ramasser	150
ramper	129
rasoir	99
recevoir	134
rectangle	27
regarder	143
renverser	146
réparer	156
reposer	140
restaurant	50
réveiller	140
revoir	218
rien	182
riz	68
robe	34
rond-point	50
rose	162
rouge	163
rouler	152
routière	44
rusé	200
russe	211
s'asseoir	128
sabots	25
sac	90
sale	200
saler	139
salon	57
Salut	215
samedi	107

sandale	37		soleil	95
sandales	37		soude	70
Saoudien	212		souhaits	223
Saoudienne	212		sourcil	13
sauter	127		sourcils	135
savon	99		sourire	136
scie	83		souris	20
scotch	89		sous	190
sec	198		sphère	27
secouer	135		station-service	47
secs	68		statue	117
seize	167		stylo	85
sel	69		sucre	69
semaine	105		Sud	102
semer	156		sur	189
sept	165		surpris	197
septembre	109		t-shirt	39
serpent	23		table	54
serviette	100		tableau	86
ses	159		talons	35
sévère	201		tapoter	149
shorts	38		tasse	77
six	165		téléphone	86
slip	40		temple	51
soda	74		tenir	148
sœur	8		terre	67
sœurs	8		tête	15
soir	119		thé	75
soixante	170		théière	78
soixante-dix	170		tiède	199
soixante-quatre	173		tigre	23
soixante-trois	173		tirer	151
sol	115		toc.	217

toi	3
toi!	221
toilettes	55
toit	116
tomate	69
tomber	150
ton	160
tordu	187
toucher	148
tour	51
tourner	150
tournevis	84
tous	181
tousser	141
train	32
travailler	144
travers	190
treize	167
trente	124
trente-deux	172
trente-quatre	169
triangle	28
triste	196
trois	164
trompe	26
trottinette	32
trottoir	42
tuer	143
tunique	40
turc	212
un	164
vache	18
vague	96

vaisselle	79
valise	91
vallée	95
vélo	32
vendre	133
vendredi	107
venir	127
ventre	11
verger	94
verre	76
verser	146
vert	63
veste	36
vêtements	41
viande	64
vide	180
vidéo	145
Vietnamien	213
Vietnamienne	213
vin	75
vingt	124
violet	162
vis	84
voiture	31
voler	130
vomir	142
votre	160
vous	3